알기 쉬운

스마트 기계일본어

スマート機械日本語

황규대 · 이지현 공저

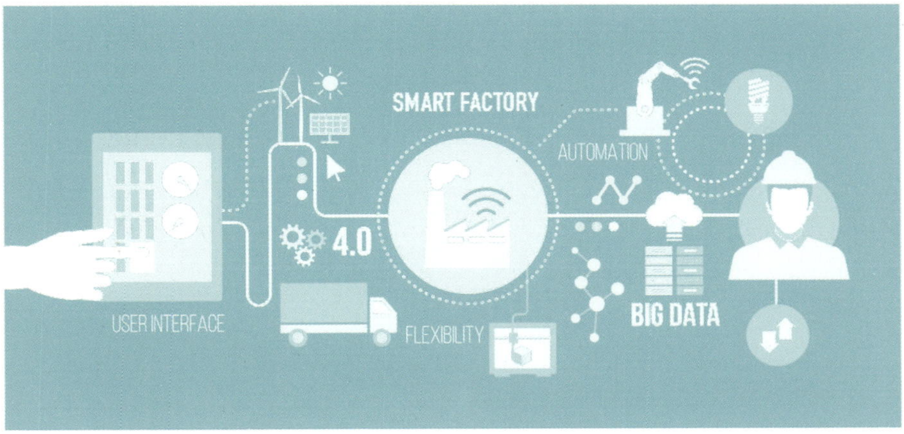

문운당

머리말

최근 4차 산업혁명과 관련한 핵심기술로서 인공지능, 빅데이터, 사물인터넷, 로봇 등이 주목을 받고 있으며 제조업 분야에서도 이러한 기술과 정보통신기술(ICT)이 융합된 스마트팩토리(smart factory) 도입이 활발하게 진행되고 있다. 일본은 전통적으로 자동차, 기계, 전기, 전자, 로봇, 첨단 소재 등 제조업 분야에서 세계 최고의 기술경쟁력을 가지고 있으나 저출산, 초고령화 사회로 진입하면서 경제활동 인구가 급격히 감소하여 산업 전반의 노동력 부족과 생산성 저하가 발생하고 있는 상황이다.

이에 일본 정부는 스마트팩토리 도입을 산업 정책의 최우선으로 두고 수출 비중이 높은 전기기계, 생산용기계, 수송용기계 등의 제조업 분야를 중점적으로 지원하면서 스마트팩토리 고도화 사업을 추진하고 있다. 또한, 일본 정부의 경기부양정책에 힘입어 일본 제품의 가격 경쟁력이 상승하면서 수출이 늘고 일본 기업들은 적극적인 투자를 통해 고용을 확대하는 추세이다. 이와 관련하여 해외 기술인재 유치에도 많은 노력을 기울이고 있으며 일본 기업의 조직문화에 대한 이해도가 높고 성실하면서 업무에 대한 책임감이 강한 한국인에 대한 선호도가 다른 국가의 외국인에 비해 상대적으로 높다고 한다.

이에 저자들은 기계산업 관련된 일본 기업으로의 현지취업을 희망하거나 국내에 진출한 일본 기업 또는 국내 제조업 분야에서 일본과 관련된 업무를 담당할 기계공학도를 위한 일본어 교재개발에 착수하게 되었다. 특히 4차 산업혁명 시대를 선도하는 스마트팩토리 분야에 대한 이해를 돕고자 관련 기술의 소개와 주요 용어에 대한 설명을 수록하였다. 또한, 여러 해에 걸친 강의에서 느꼈던 점을 반영하여 학습자가 꼭 알아야 할 기계공학 전반에 대한 내용의 보충과 수년간에 걸친 자료수집 등을 통해 본 교재를 완성하게 되었다.

본 교재는 7개의 장으로 구성되어 있다. 제1장에서는 일본어를 처음 접하는 학습자를 위해 히라가나, 가타카나를 익히고 수사, 형용사, 동사 등의 기초문법을 배워 초급수준의 일본어 독해능력을 갖추게 하였다. 제2장에서는 부품·공구, 자동차, 로봇, 통신, 반도체, 3D 프린터, 금형 등의 주요 기계산업 분야에 대한 내용을 다루었고 제3장에서는 기계 산업, 자동차 산업, 일렉트로닉스 산업, 콘텐츠 산업 등의 주요 산업 분야별 회화를 추가하여 일본어 회화능력 향상에도 주안점을 두었다. 그리고 제4장에서는 기계공학의 주요 역학인 재료역학, 열역학, 유체역학, 정역학, 동역학의 정의와 응용 분야에 대해 언급하였다. 제5장에서는 공작기계 분야에서의 절삭 가공, 플라스틱 가공, 방전 가공에 대해 기술하였다. 제6장에서는 컴퓨터를 응용한 기계공학 분야로 CAD·CAM·CAE에 대해 설명하였다. 마지막으로 제7장에서는 4차 산업혁명의 정의와 스마트팩토리 관련 핵심 내용에 대해 설명하였다.

각 장에서 다루고 있는 기계공학의 전문용어와 스마트팩토리 관련 기술내용은 일본 기업에서 근무할 공학도로서 반드시 알아두어야 할 용어들을 엄선하였고 회화문을 통해 실제 상황에서 구사할 수 있는 표현을 익히도록 하였다. 아무쪼록 본 교재가 일본과 관련된 스마트팩토리 기반의 제조업 분야에서 종사하는 학습자의 실무능력을 향상시키는데 도움이 되었으면 바람이다.

끝으로 수요가 많지 않은 전문교재임에도 불구하고 출판을 흔쾌히 허락해 주신 문운당의 이성범 대표님과 김홍룡 상무님을 비롯하여 편집부 여러분께도 깊은 감사의 말씀을 전한다.

저자 일동

목 차

Chapter 1 기계일본어의 기초

Chapter 2 주요 기계산업 분야

Chapter 3 주요 산업 분야별 회화

Chapter 4 기계공학의 주요 역학

Chapter 5 기계가공과 공작기계

Chapter 6 컴퓨터를 응용한 기계공학

Chapter 7 4차 산업혁명과 스마트팩토리

부 록

chapter 1 기계일본어의 기초

1.1 일본어의 문자와 발음(文字と発音)

1 히라가나와 가타카나

- 일본어는 5개의 모음과 10개의 자음이 결합되어 이루어진 50음도를 기본으로 한다.
- 이 중 5개의 문자가 사용되지 않고 ん이 포함되어 46개의 문자표를 구성한다.

(1) 청음

- 5개의 모음(a, i, u, e, o)과 10개의 자음(Ø, k, s, t, n, h, m, y, r, w)이 결합하여 문자를 이룬다. 모음이 같은 가로계열을 단(段), 자음이 같은 세로계열을 행(行)이라 한다.

히라가나 청음

단＼행	あ [Ø]	か [k]	さ [s]	た [t]	な [n]	は [h]	ま [m]	や [y]	ら [r]	わ [w]
あ [a]	あ a	か ka	さ sa	た ta	な na	は ha	ま ma	や ya	ら ra	わ wa
い [i]	い i	き ki	し shi	ち chi	に ni	ひ hi	み mi		り ri	
う [u]	う u	く ku	す su	つ tsu	ぬ nu	ふ hu	む mu	ゆ yu	る ru	
え [e]	え e	け ke	せ se	て te	ね ne	へ he	め me		れ re	
お [o]	お o	こ ko	そ so	と to	の no	ほ ho	も mo	よ yo	ろ ro	を o
주의할 발음의 문자 : ち(ti → chi), つ(tu → tsu), を(wo → o)										ん N

가타카나 청음

단 \ 행	ア [Ø]	カ [k]	サ [s]	タ [t]	ナ [n]	ハ [h]	マ [m]	ヤ [y]	ラ [r]	ワ [w]
ア [a]	ア	カ	サ	タ	ナ	ハ	マ	ヤ	ラ	ワ
	a	ka	sa	ta	na	ha	ma	ya	ra	wa
イ [i]	イ	キ	シ	チ	ニ	ヒ	ミ		リ	
	i	ki	shi	chi	ni	hi	mi		ri	
ウ [u]	ウ	ク	ス	ツ	ヌ	フ	ム	ユ	ル	
	u	ku	su	tsu	nu	hu	mu	yu	ru	
エ [e]	エ	ケ	セ	テ	ネ	ヘ	メ		レ	
	e	ke	se	te	ne	he	me		re	
オ [o]	オ	コ	ソ	ト	ノ	ホ	モ	ヨ	ロ	ヲ
	o	ko	so	to	no	ho	mo	yo	ro	o
주의할 발음의 문자 : チ(ti → chi), ツ(tu → tsu), ヲ(wo → o)										ン
										N

• 가타카나는 외래어, 외국의 인명·지명 등의 고유명사, 의성어·의태어, 강조 부분 등에 사용된다.

(2) 탁음·반탁음

• 탁음은 성대를 울리는 유성음으로, 글자 오른쪽 위에 탁점을 찍는다.
• 반탁음은 성대를 울리지 않는 무성음으로, 글자 오른쪽 위에 반탁점을 찍는다.

히라가나 탁음·반탁음

행/단	탁음				반탁음
	[g]	[z]	[d]	[b]	[p]
[a]	が ga	ざ za	だ da	ば ba	ぱ pa
[i]	ぎ gi	じ zi	ぢ zi	び bi	ぴ pi
[u]	ぐ gu	ず zu	づ zu	ぶ bu	ぷ pu
[e]	げ ge	ぜ ze	で de	べ be	ぺ pe
[o]	ご go	ぞ zo	ど do	ぼ bo	ぽ po

가타가나 탁음·반탁음

행/단	탁음				반탁음
	[g]	[z]	[d]	[b]	[p]
[a]	ガ ga	ザ za	ダ da	バ ba	パ pa
[i]	ギ gi	ジ zi	ヂ zi	ビ bi	ピ pi
[u]	グ gu	ズ zu	ヅ zu	ブ bu	プ pu
[e]	ゲ ge	ゼ ze	デ de	ベ be	ペ pe
[o]	ゴ go	ゾ zo	ド do	ボ bo	ポ po

■ 다음 단어를 읽어 보세요.

① あなご ( ) ② うどん ( )
③ おでん ( ) ④ たまねぎ ( )
⑤ てんぷら ( ) ⑥ わさび ( )

■ 다음 단어를 듣고 써 보세요.

① ( ) ② ( )
③ ( ) ④ ( )

(3) 요음

- 요음은 [あ·や·わ행]을 제외한 イ단음 [き·ぎ·し·じ·ち·ぢ·に·ひ·び·ぴ·み]에 [や·ゆ·よ]를 작게 붙여 하나로 발음하는 1음절 문자이다.

히라가나 요음

행/단	か	さ	た	な	は	ま	ら	が	ざ	だ	ば	ぱ
[a]	きゃ	しゃ	ちゃ	にゃ	ひゃ	みゃ	りゃ	ぎゃ	じゃ	ぢゃ	びゃ	ぴゃ
	kya	sya	cha	nya	hya	mya	rya	gya	zya	zya	bya	pya
[u]	きゅ	しゅ	ちゅ	にゅ	ひゅ	みゅ	りゅ	ぎゅ	じゅ	ぢゅ	びゅ	ぴゅ
	kyu	syu	chu	nyu	hyu	myu	ryu	gyu	zyu	zyu	byu	pyu
[o]	きょ	しょ	ちょ	にょ	ひょ	みょ	りょ	ぎょ	じょ	ぢょ	びょ	ぴょ
	kyo	syo	cho	nyo	hyo	myo	ryo	gyo	zyo	zyo	byo	pyo

가타카나 요음

행/단	カ	サ	タ	ナ	ハ	マ	ラ	ガ	ザ	ダ	バ	パ
[a]	キャ	シャ	チャ	ニャ	ヒャ	ミャ	リャ	ギャ	ジャ	ヂャ	ビャ	ピャ
	kya	sya	cha	nya	hya	mya	rya	gya	zya	zya	bya	pya
[u]	キュ	シュ	チュ	ニュ	ヒュ	ミュ	リュ	ギュ	ジュ	ヂュ	ビュ	ピュ
	kyu	syu	chu	nyu	hyu	myu	ryu	gyu	zyu	zyu	byu	pyu
[o]	キョ	ショ	チョ	ニョ	ヒョ	ミョ	リョ	ギョ	ジョ	ヂョ	ビョ	ピョ
	kyo	syo	cho	nyo	hyo	myo	ryo	gyo	zyo	zyo	byo	pyo

■ 다음 단어를 읽어 보세요.

① しゃぶしゃぶ (　　　　　　　　) ② でんしゃ (　　　　　　　　)

③ にゅうがく (　　　　　　　　) ④ チョコレート (　　　　　　　　)

⑤ ジュース (　　　　　　　　) ⑥ キャベツ (　　　　　　　　)

(4) 촉음

- 촉음은 우리말의 받침 ㄱ, ㅅ, ㅂ과 같은 역할을 한다.
- 뒤에 오는 문자의 발음과 같아져 [k·s·t·p]로 발음된다.
- 한 박자를 충분히 끌어 발음한다.

がっこう	[gakko:]	학교	けっせき	[kesseki]	결석
みっつ	[mittsu]	3개	いっぱい	[ippai]	한잔

(5) 발음

- 발음은 우리말의 받침 중 ㅁ, ㄴ, ㅇ에 해당하는 발음이다.
- 뒷문자의 발음에 따라 [m·n·ŋ·N] 으로 발음된다.
- 한 박자를 충분히 발음해 준다.

[m]	ま·ば·ぱ행 앞	さんま さんぽ	꽁치 산책	しんぶん	신문
[n]	さ·ざ·た·だ·な·ら행 앞	けんさ ぐんたい	검사 군대	もんだい べんり	문제 편리
[ŋ]	か·が행 앞	ぎんこう	은행	まんが	만화
[N]	あ·や·わ행 앞·어말의 ん	でんわ	전화	うどん	우동

(6) 장음

- 앞에 오는 모음을 한 박자분 계속해서 길게 발음하는 음이다.
- 가타카나는 「一」로 장음을 표기한다.

あ단 + あ	[a:]	おばあさん	할머니	cf. おばさん	아주머니
い단 + い	[i:]	おじいさん	할아버지	cf. おじさん	아저씨
う단 + う	[u:]	すうじ	숫자	ニュース	뉴스
え단 + え·い	[e:]	おねえさん	누나, 언니	せんせい	선생님
お단 + お·う	[o:]	どうぞ	부디, 어서	ノート	노트

2 한자

- 일본어에서 한자의 사용은 기본적으로 필수적이라 할 수 있다.
- 일본어는 띄어쓰기를 하지 않기 때문에 한자가 의미를 구별하는 중요한 역할을 한다.

わたしはだいがくのいちねんせいです。→ 私は大学の一年生です。

- 일본어의 한자는 약자를 사용하며 음으로 읽는 음독(音読)과 뜻으로 읽는 훈독(訓読)이 있다.

大	→	だい·たい	(음독)	おお	(훈독)
学	→	がく	(음독)	まなぶ	(훈독)

1.2 일본어의 펜맨십 (ペンマンシップ)

1.2.1 히라가나·가타카나

あ행	あ [a] あ ア	い [i] い イ	う [u] う ウ	え [e] え エ	お [o] お オ

あい[ai] 사랑　いえ[ie] 집　エア[ea] 공기　エイ[ei] 에이, A

か행	か [ka] か カ	き [ki] き キ	く [ku] く ク	け [ke] け ケ	こ [ko] こ コ

かお[kao] 얼굴　きかい[kikai] 기계　コア[koa] 코어(core)　オーケー[o:ke:] 오케이

さ행	さ [sa] さ サ	し [shi] し シ	す [su] す ス	せ [se] せ セ	そ [so] そ ソ

あさ[asa] 아침　すし[sushi] 초밥　アイス[aisu] 아이스　ソウル[souru] 서울

た행	た [ta] た　タ	ち [chi] ち　チ	つ [tsu] つ　ツ	て [te] て　テ	と [to] と　ト

ちち[chichi] 아버지　くつ[kutsu] 구두　シート[shi:to] 시트　ツーア[tsu:a] 투어

な행	な [na] な　ナ	に [ni] に　ニ	ぬ [nu] ぬ　ヌ	ね [ne] ね　ネ	の [no] の　ノ

いぬ[inu] 개　あね[ane] 언니, 누나　ナイト[naito] 나이트　ノート[no:to] 노트

は행	は [ha] は　ハ	ひ [hi] ひ　ヒ	ふ [hu] ふ　フ	へ [he] へ　ヘ	ほ [ho] ほ　ホ

はな[hana] 꽃　ひと[hito] 사람　ホテル[hoteru] 호텔　コーヒー[ko:hi:] 커피

ま행	ま [ma] ま　マ	み [mi] み　ミ	む [mu] む　ム	め [me] め　メ	も [mo] も　モ

みみ[mimi] 귀　もも[momo] 복숭아　マスク[masuku] 마스크　メモ[memo] 메모

や행	や [ya] や ヤ		ゆ [yu] ゆ ユ		よ [yo] よ ヨ

やま[yama] 산　ゆめ[yume] 꿈　ユーモア[yu:moa] 유머　タイヤ[taiya] 타이어

ら행	ら [ra] ら ラ	り [ri] り リ	る [ru] る ル	れ [re] れ レ	ろ [ro] ろ ロ

そら[sora] 하늘　しろ[shiro] 흰색　コーラ[ko:ra] 콜라　ローラー[ro:ra:] 롤러

わ행	わ [wa] わ ワ		を [o] を ヲ		ん [N] ん ン

わたし[watashi] 나, 저　~を[o] 을/를　コンセント[koNseNto] 콘센트

1.2.2 히라가나 연습

あ행

あ

い

う

え

お

か행

か

き

く

け

こ

さ행

さ さ さ さ							
し し							
す す す							
せ せ せ せ							
そ そ そ							

た행

た た た た た							
ち ち ち							
つ つ							
て て							
と と と							

な행

な							
に							
ぬ							
ね							
の							

は행

は							
ひ							
ふ							
へ							
ほ							

ま행

ま ま ま ま							
み み み							
む む む む							
め め め							
も も も も							

や행

や や や や							
ゆ ゆ ゆ							
よ よ よ							

ら행

ららら							
りりり							
るる							
れれれ							
ろろ							

わ행 · ん

わわわ							
をををを							
んん							

1.2.3 가타카나 연습

ア행

アアア							
イイイ							
ウウウウ							
エエエエ							
オオオオ							

カ행

カカカ							
キキキキ							
ククク							
ケケケケ							
コココ							

サ행

サ

シ

ス

セ

ソ

タ행

タ

チ

ツ

テ

ト

ナ행

ナ ナ ナ							
ニ ニ ニ							
ヌ ヌ ヌ							
ネ ネ ネ ネ ネ							
ノ ノ							

ハ행

ハ ハ ハ ハ							
ヒ ヒ ヒ							
フ フ							
ヘ ヘ							
ホ ホ ホ ホ ホ							

マ행

マ マ マ							
ミ ミ ミ ミ							
ム ム ム							
メ メ メ							
モ モ モ モ							

ヤ행

ヤ ヤ ヤ							
ユ ユ ユ							
ヨ ヨ ヨ ヨ							

ラ행

ラ ラ ラ

リ リ リ

ル ル ル

レ レ

ロ ロ ロ ロ

ワ행 · ン

ワ ワ ワ

ヲ ヲ ヲ ヲ

ン ン ン

1.2.4 비슷해서 주의해야 할 글자

あ　お	い　り	は　ほ	め　ぬ
a　o	i　ri	ha　ho	me　nu
る　ろ	ま　も	き　さ　ち	わ　れ　ね
シ　ツ	ン　ソ	ケ　チ	ス　ヌ
ウ　ワ	コ　ユ	フ　ラ	ノ　メ

1.2.5 산업·공업·기술 용어 (カタカナ)

アクセル	accelerator	가속기			
アクリル	acrylic	아크릴			
エアコン	air conditioner	에어컨			
エンジン	engine	엔진			
コンセント	concentric plug	콘센트			
ショバ	shock absorber	완충기			
ステンレス	stainless steel	스테인리스			
トランス	transformer	변압기			
ドリル	drill	드릴			
ノギス	slide calipers	버니어 캘리퍼스			
ハイテク	high tech	하이테크			
パソコン	personal computer	개인용 컴퓨터			
マイコン	micro computer	마이크로 컴퓨터			
メカトロニックス	mechatronics	메카트로닉스			
リモコン	remote control	리모컨			

1.2.6 산업·공업·기술 용어 (ひらがな)

あな(穴)	hole	구멍			
いばり	flash	찌꺼기			
いもの(鋳物)	cast metal	주물			
かた(型)	shape	형, 틀			
かなづち	hammer	망치			
くさり	chain	체인			
しあげ(仕上げ)	finish	다듬질			
すきま	clearance	틈새			
ねじ	screw	나사			
のこぎり	saw	톱			
はぐるま(歯車)	gears	기어			
まんりき	vise	바이스			
めっき	plating	도금			
めんとり(面取り)	chamfer	모따기			
やすり	file	줄			

1.3 일본어의 숫자·계산 (数字·計算)

1.3.1 일본어의 숫자

1 한수사

• 일본어의 숫자에는 한수사 계열과 고유어수사 계열이 있다.

1 (일)	いち	2 (이)	に	3 (삼)	さん	4 (사)	し·よん·よ	5 (오)	ご
6 (육)	ろく	7 (칠)	しち·なな	8 (팔)	はち	9 (구)	きゅう·く	10 (십)	じゅう

• 전화번호를 말할 때는 ゼロ(0), よん(4), なな(7), きゅう(9)가 주로 사용된다.

けいたいは 何番(なんばん)ですか。 (휴대전화는 몇 번입니까?)

010 - 7612 - 3945　　「–」→「の」

→ ゼロいちゼロの　ななろくいちにの　さんきゅうよんご です。

	一 (1)	十 (10)		百 (100)		千 (1,000)		万 (10,000)	
1	いち		じゅう		ひゃく		せん	いち	まん
2	に	に	じゅう	に	ひゃく	に	せん	に	まん
3	さん	さん	じゅう	さん	びゃく	さん	ぜん	さん	まん
4	し·よん·よ	よん	じゅう	よん	ひゃく	よん	せん	よん	まん
5	ご	ご	じゅう	ご	ひゃく	ご	せん	ご	まん
6	ろく	ろく	じゅう	ろっ	ぴゃく	ろく	せん	ろく	まん
7	しち·なな	なな	じゅう	なな	ひゃく	なな	せん	なな	まん
8	はち	はち	じゅう	はっ	ぴゃく	はっ	せん	はち	まん
9	きゅう·く	きゅう	じゅう	きゅう	ひゃく	きゅう	せん	きゅう	まん

2 고유어 수사

一つ (하나)	ひとつ	二つ (둘)	ふたつ	三つ (셋)	みっつ	四つ (넷)	よっつ	五つ (다섯)	いつつ
六つ (여섯)	むっつ	七つ (일곱)	ななつ	八つ (여덟)	やっつ	九つ (아홉)	ここのつ	十 (열)	とお

3 일본어 조수사

대 상 조수사		사 람 人(にん)	차(車)·기계 台(だい)	물건 個(こ)	긴 물건 本(ほん)
1	いち	ひとり	いちだい	いっこ	いっぽん
2	に	ふたり	にだい	にこ	にほん
3	さん	さんにん	さんだい	さんこ	さんぼん
4	し·よん·よ	よにん	よんだい	よんこ	よんほん
5	ご	ごにん	ごだい	ごこ	ごほん
6	ろく	ろくにん	ろくだい	ろっこ	ろっぽん
7	しち·なな	しちにん	ななだい	ななこ	ななほん
8	はち	はちにん	はちだい	はっこ	はっぽん
9	きゅう	きゅうにん	きゅうだい	きゅうこ	きゅうほん
10	じゅう	じゅうにん	じゅうだい	じゅっこ	じゅっぽん
?	何(なん)	なんにん	なんだい	なんこ	なんぼん

1.3.2 일본어의 계산

a + b たしざん (덧셈)

<table>
<tr><td rowspan="2">たす
(더하다)</td><td>3 + 4 = 7
さん たす よん は なな
さんに よんを たす。(3에 4를 더하다.)</td></tr>
<tr><td>2 + 8 = 10
→ ( ) ( ) ( ) は ( )
( )</td></tr>
</table>

a - b ひきざん (뺄셈)

<table>
<tr><td rowspan="2">ひく
(빼다)</td><td>9 - 8 = 1
きゅう ひく はち は いち
きゅうから はちを ひく。(9에서 8을 빼다.)</td></tr>
<tr><td>5 - 5 = 0
→ ( ) ( ) ( ) は ( )
( )</td></tr>
</table>

a × b かけざん (곱셈)

かける (곱하다)	3 × 2 = 6 さん かける に は ろく さんに にを かける。(3에 2를 곱하다.)
	4 × 5 = 20 → ( ) ( ) ( ) は ( ) ( )

a ÷ b わりざん (나눗셈)

わる (나누다)	10 ÷ 2 = 5 じゅう わる に は ご じゅうを にで わる。(10을 2로 나누다.)
	8 ÷ 4 = 2 → ( ) ( ) ( ) は ( ) ( )

＊ は ＝ イコール　＊ 0：れい　＊ 0.5：れいてんご

＊ ~に (~에)　＊ ~を (~을/를)　＊ ~から (~에서)　＊ ~で (~로)

1.4 일본어의 명사(名詞)

1.4.1 명사술어문

	긍 정	부 정
현 재	学生(がくせい)です (학생입니다)	学生(がくせい)では ありません (학생이 아닙니다)
과 거	学生(がくせい)でした (학생이었습니다)	学生(がくせい)では ありません でした (학생이 아니었습니다)

■ Nは　Nです (~은 ~입니다)

- 명사 뒤에 「です」를 붙여 정중한 단정을 나타낸다.
  「は」는 우리말의「은/는」에 해당하는 조사로, [wa]로 발음한다.

私(わたし)は 大学生(だいがくせい)です。　(나는 대학생입니다.)

キムさんは 会社員(かいしゃいん)です。　(김 상은 회사원입니다.)

■ Nは Nでは ありません (~은 ~이 아닙니다)

- 「です」의 부정형으로, 회화체에서는 「じゃありません」「じゃないです」가 사용되기도 한다.

私(わたし)は 日本人(にほんじん)では ありません。　(나는 일본인이 아닙니다.)

私(わたし)は 2年生(ねんせい)じゃ ないです。　(나는 2학년이 아닙니다.)

■ Nは Nでした (~은 ~이었습니다)

• 정중한 단정을 나타내는 「です」의 과거형이다.

ちちは 医者でした。 (아버지는 의사였습니다.)

昨日は 私の誕生日でした。(어제는 제 생일이었습니다.)

■ Nは Nでは ありませんでした (~은 ~이 아니었습니다)

• 정중한 단정을 나타내는 「です」의 과거부정형이다.

去年は 大学生では ありませんでした。(작년에는 대학생이 아니었습니다.)

1.4.2 의문문

■ (Nは) Nですか (~은 ~입니까?)

• 「です」 뒤에 종조사 「か」를 붙여 의문문을 만들 수 있다.

学生ですか。 (학생입니까?)

– はい、そうです。学生です。(네, 그렇습니다. 학생입니다.)

– いいえ、 学生じゃ ありません。会社員です。
(아니요, 학생이 아닙니다. 회사원입니다.)

何年生ですか。 (몇 학년입니까?)

– 1年生です。(1학년입니다.)

1.5 일본어의 형용사 (形容詞)

1.5.1 い형용사의 활용

활 용		おもしろい (재미있다)
현 재	긍정형	おもしろい です
	부정형	おもしろく ない です
과 거	긍정형	おもしろ かった です
	부정형	おもしろく なかった です
연 결 형		おもしろく て
명사수식형		おもしろい 本(ほん)

★ ないです = ありません　なかったです = ありません でした

기본형	현 재		과 거	
	긍정형	부정형	긍정형	부정형
おいしい				
(　　　)				
おおきい				
(　　　)				
あたらしい				
(　　　)				
いい·よい				
(　　　)				

1.5.2 な형용사의 활용

활 용		すきだ (좋아하다)
현 재	긍정형	すきです
	부정형	すきじゃ ありません
과 거	긍정형	すきでした
	부정형	すきじゃ ありません でした
연 결 형		すきで
명사수식형		すきな 人(ひと)

★ ありません = ないです　　ありません でした = なかったです

기본형	현 재		과 거	
	긍정형	부정형	긍정형	부정형
まじめだ				
(　　　　)				
しずかだ				
(　　　　)				
きれいだ				
(　　　　)				
ゆうめいだ				
(　　　　)				

1.6 일본어의 동사 (動詞)

1.6.1 동사의 종류

Ⅰ·Ⅱ·Ⅲ그룹 동사

1그룹 동사	2·3그룹 동사를 제외한 모든 동사 ① 어미가 「る」가 아닌 동사 ② 「−a·−u·−o」 + る		
	行く [iku]	飲む [nomu]	会う [au]
	ある [aru]	作る [tsukuru]	乗る [noru]
	＊예외 1그룹 동사 : 2그룹 동사처럼 보이지만 예외적으로 1그룹으로 분류되는 동사		
	帰る [kaeru]	入る [hairu]	
2그룹 동사	어미가 「る」로 끝나고 앞의 글자가 「−i」「−e」인 동사		
	① 「−i」 + る	見る [miru]	起きる [okiru]
	② 「−e」 + る	寝る [neru]	食べる [taberu]
3그룹 동사	2개 밖에 없다. 그냥 외우자!		
	する [suru]	来る [kuru]	

1.6.2 동사의 활용

동사의 정중형·정중부정형

그룹	동사의 기본형		정중형 ます (~입니다)	정중부정형 ません (~이 아닙니다)
1그룹 동사	어미를 「い단」음으로 바꾸고 「ます」를 붙인다.			
	行(い)く	가 다	いきます	いきません
	飲(の)む		のみます	
	読(よ)む		よみます	
	会(あ)う		あいます	
	帰(かえ)る		かえります	
2그룹 동사	어미「る」를 빼고 「ます」를 붙인다.			
	見(み)る		みます	みません
	起(お)きる		おきます	
	寝(ね)る		ねます	
3그룹 동사	する		します	
	来(く)る		来(き)ます	

★ 「ます」의 부정형은 「ません」이다.

1.6.3 동사의 음편(音便)

- 음편은 동사의 「ます형」 뒤에 「て・た」가 연결될 때 발음이 변하는 현상을 말한다. 〈1그룹 동사〉에만 나타나고 イ음편·촉음편·발음편이 있다.

음편종류	동사의 기본형		ます형 ~입니다	て형 ~하고, ~해서	비고
イ음편	書(か)く	쓰 다	かきます	かいて	※ ぐ→で
	泳(およ)ぐ		およぎます	およいで	
촉음편 (っ)	買(か)う		かいます	かって	
	待(ま)つ		まちます	まって	
	乗(の)る		のります	のって	
발음편 (ん)	死(し)ぬ		しにます	しんで	※ ぬぶむ →で
	遊(あそ)ぶ		あそびます	あそんで	
	読(よ)む		よみます	よんで	
예 외	行(い)く		いきます	いって	
	話(はな)す		はなします	はなして	
2그룹 동사	見(み)る		みます	みて	
	寝(ね)る		ねます	ねて	
3그룹 동사	する		します	して	
	来(く)る		来(き)ます	きて	

1.6.4 가능 표현

- 동사에 「~ことが できる(~을 할 수 있다)」를 붙여 가능 표현을 만들 수 있다.
- 또한, 「가능형」으로도 가능을 표현할 수 있다.

1그룹 동사	어미를 「え단」음으로 바꾸고 「る」를 붙인다.			
	飲(の)む	마시다	のめる	마실 수 있다
	行(い)く		いける	
	話(はな)す			
	言(い)う			
2그룹 동사	어미「る」를 빼고 「られる」를 붙인다.			
	食(た)べる	먹다	たべられる	먹을 수 있다
	起(お)きる			
	開(あ)ける			
3그룹 동사	する		できる	할 수 있다
	来(く)る		来(こ)られる	

1.6.5 사역 표현

- 「사역」이란 동작, 행위를 시키는 것을 말한다.
- 「~は ~に/を ~(さ)せる」 → 「~은/는 ~에게/을 ~시키다」

1그룹 동사	어미를 「あ단」음으로 바꾸고 「せる」를 붙인다.			
	読(よ)む	읽다	よませる	읽게 하다
	言(い)う		いわせる	
	測(はか)る			
2그룹 동사	어미「る」를 빼고 「させる」 를 붙인다.			
	食(た)べる		たべさせる	먹게 하다
	開(あけ)る			
3그룹 동사	する		させる	
	来(く)る		来(こ)させる	

- 사역 표현에서 대상에 「に」 또는 「を」를 사용할 수 있는데 「に」가 「を」에 비해 강제성이 약해 다소 부드러운 느낌을 준다.

① 社長(しゃちょう)は秘書(ひしょ)に出張(しゅっちょう)させた。(사장님은 비서를 출장 보냈다.)

② 社長(しゃちょう)は秘書(ひしょ)を出張(しゅっちょう)させた。(사장님은 비서를 출장 보냈다.)

1.6.6 수동 표현

• 수동 표현은 동작의 영향을 받는 쪽에 시점을 둔 표현을 말한다.

先生(せんせい)は 私(わたし)を しかりました。
(선생님은 나를 야단쳤습니다.)

→ 私(わたし)は 先生(せんせい)に しかられました。
(나는　　　　　　　　　　　)

雨(あめ)が 降(ふ)りました。
(비가 왔습니다.)

→ 私(わたし)は 雨(あめ)に 降(ふ)られました。
(나는　　　　　　　　　　　)

1그룹 동사	어미를 「あ단음」으로 바꾸고 「れる」를 붙인다.			
	呼(よ)ぶ	부르다	よばれる	
	踏(ふ)む		ふまれる	
2그룹 동사	어미「る」를 빼고 「られる」를 붙인다.			
	食(た)べる		たべられる	
	見(み)る		みられる	
3그룹 동사	する		される	
	来(く)る		来(こ)られる	

• 「~れる・られる」는 수동의 의미 이외에도 [존경, 가능, 자발]의 의미가 있다.

• 수동형이 없는 동사 : ある(있다)　　　できる(할 수 있다)

聞(き)こえる(들리다)　　見(み)える(보이다)

chapter 2 주요 기계산업 분야

2.1 기계요소 (機械要素)

機械要素（きかいようそ）

① 歯車（はぐるま）

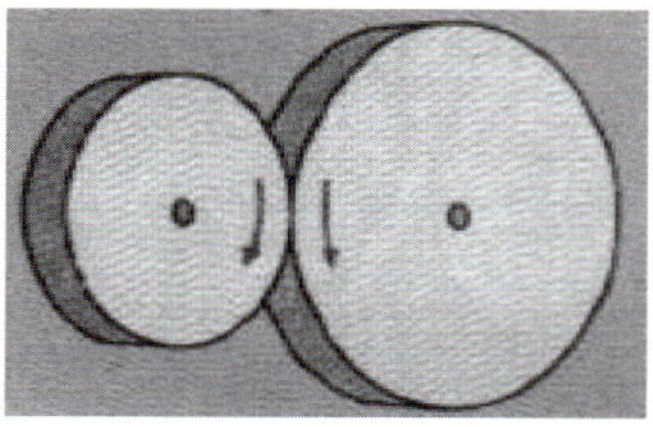

② 摩擦車（まさつぐるま）

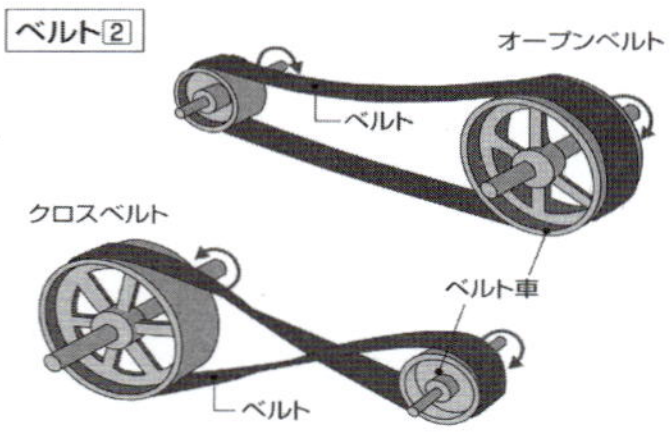

③ ベルト車（ぐるま）

- 歯車（はぐるま）が回転（かいてん）する。 (..)
- 摩擦車（まさつぐるま）で回転（かいてん）を伝達（でんたつ）する。 (..)
- ベルト車（ぐるま）でトルクを伝達（でんたつ）する。 (..)

軸（じく）・モータ・電動機（でんどうき）

- モータ回転（かいてん）を減速（げんそく）させる。

(..)

- モータ回転（かいてん）を加速（かそく）させる。

(..)

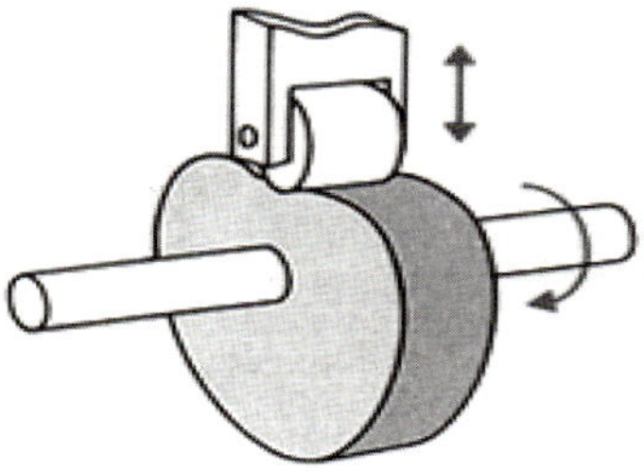

カム (cam)

・カムで回転運動を並進運動に変える。

(………………………………)

・カムでリフトロッドを上下運動させる。

(………………………………)

・カム：캠, 축의 회전을 여러 가지 다른 운동으로 바꾸는 장치

チェーン (chain)

・チェーンでつるす。(………………………………)

・チェーンで支える。(………………………………)

・チェーン ＝ 鎖

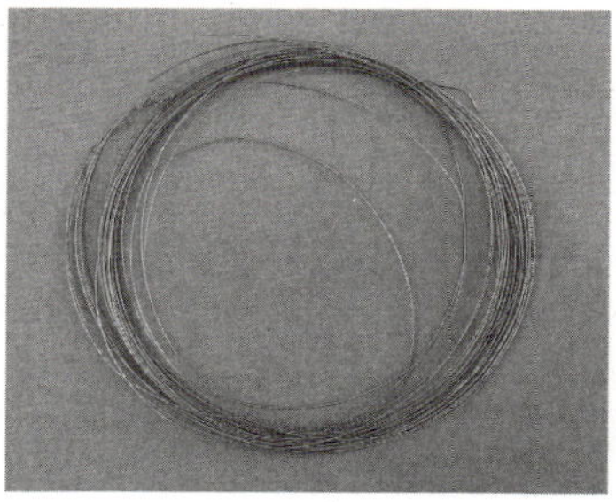

針金

・針金を曲げる。

(………………………………)

・針金に電気を通す。

(………………………………)

ピストン (piston)

- ピストンが往復運動をする。

  (..)

- ピストンをおす。

  (..)

- 피스톤 : 유체의 압력을 직접 받아 실린더 속을 왕복 운동하여 크랭크축이나 다른 기구에 운동을 전달하는 부품

スプリング (spring)

- スプリングでまさつを緩和する。

  (..)

- ばねでつるす。(..)

- スプリング ＝ ばね

ベアリング (bearing)

- ベアリングで支持する。

  (..)

- ベアリング ＝ 軸受

 自在継手	• 自在継手で連結する。 ( ) • 自在継手 = ユニバーサル ジョイント (universal joint)

• 유니버설 조인트 : 만능 연결기, 만능 이음쇠, 자재 이음쇠

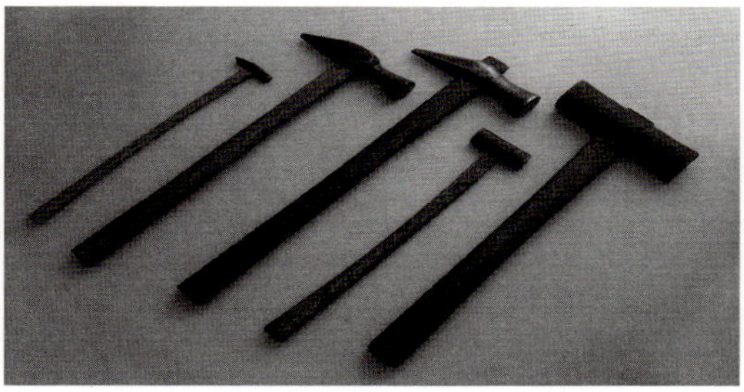 ① かなづち	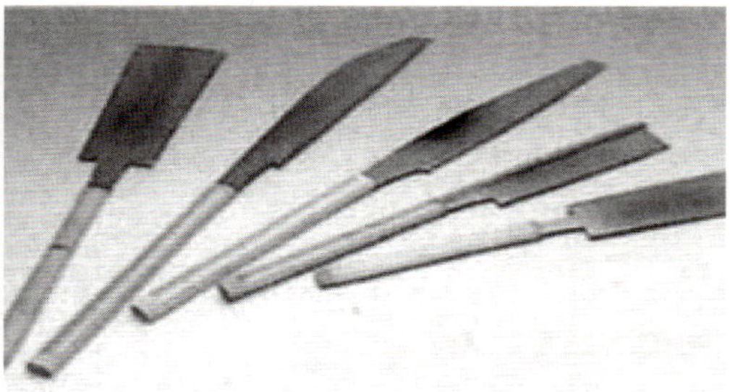 ② のこぎり

• かなづちで叩く(打つ)。(   )

• かなづち = とんかち = ハンマー(hammer)

• のこぎりで切る。 (   )

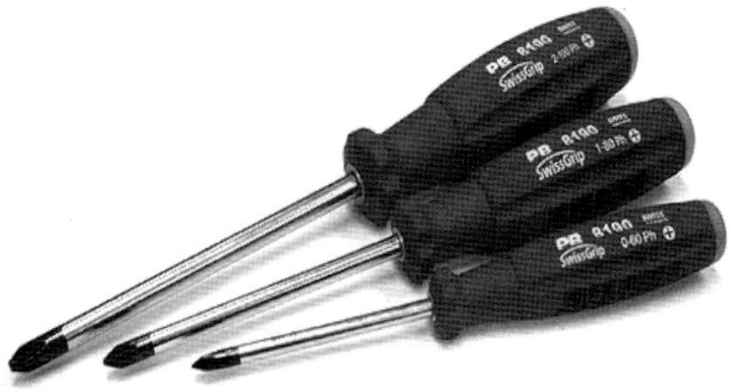

① プラス ドライバー (plus driver)

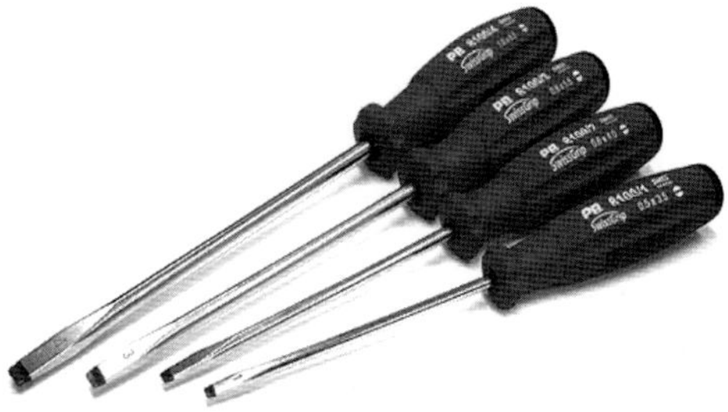

② マイナス ドライバー (minus driver)

• ドライバーでねじを緩(ゆる)める。

(....)

• マイナス ドライバー ＝ ねじまわし

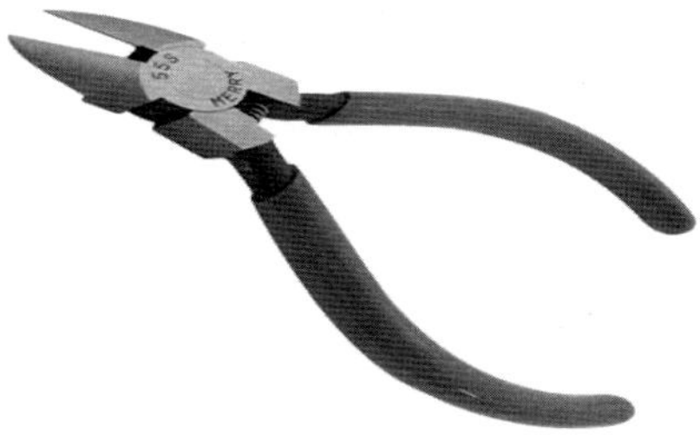

① ニッパ (nippa)

② 金切(かなきり)ばさみ

• ニッパで切(き)る。 (....)

• 金切(かなきり)ばさみで切断(せつだん)する。 (....)

		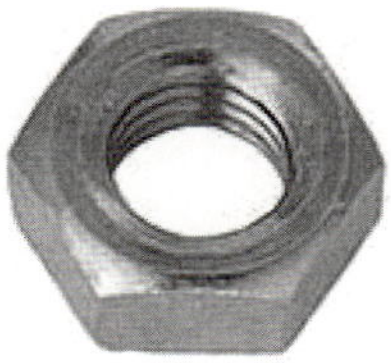	
① ボルト (bolt)	② ビス (vis)	③ ナット (nut)	④ ワッシャー (washer)

- ボルトとナットで締結(ていけつ)する。 (..............................)
- ボルトで固定(こてい)する。 (..............................)
- ワッシャ(=座金(ざがね))を固定(こてい)させせる。 (..............................)

	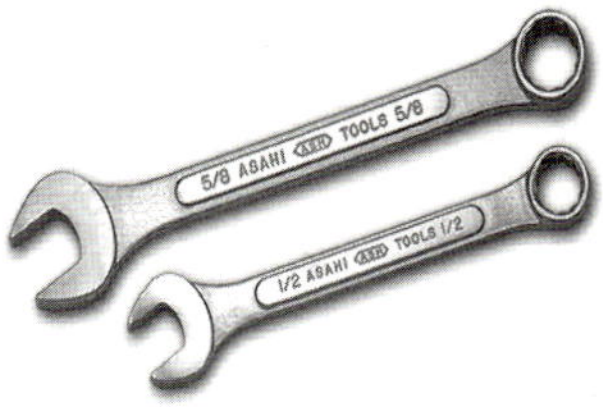	
① モンキー レンチ (monkey wrench)	② スパナ (spanner・wrench)	③ ボックス レンチ (box wrench)

- モンキーレンチを調節(ちょうせつ)する。 (..............................)
- スパナでボルトを締(し)める。 (..............................)
- ボックスレンチでナットを緩(ゆる)める。 (..............................)

ノギス (slide calipers)

- ノギスで測(はか)る。

(………………………………………………………………)

- 測(はか)る = とる = 測定(そくてい)する

- 버니어 캘리퍼스 : 둥근 물체의 직경 등을 재는 기구

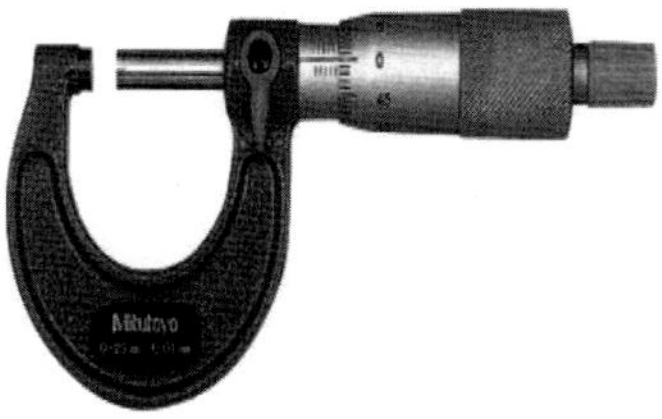

マイクロメーター
(micrometer)

- マイクロメーターで試料(しりょう)をはさむ。

(………………………………………………………………)

- 마이크로미터 : 철사의 지름이나 금속판의 두께 등을 정밀하게 측정하는 기구

ハンドル (handle)

- ハンドルで回(まわ)して調整(ちょうせい)する。

(………………………………………………………………)

- ハンドルを戻(もど)す。 (…………………………………)

관련 어휘의 동사 활용

<1그룹동사>

けす	電気(でんき)を消(け)す (전등을 끄다)			
	電気(でんき)を	けさない	끄지 않는다	〈부정형〉
		けします	끕니다	〈정중형〉
		けしません	끄지 않습니다	〈정중부정형〉
		けしましょう	끕시다	〈권유형〉
		けせる	끌 수 있다	〈가능형〉
		けせば	끄면	〈가정형〉

<2그룹동사>

つける	電気(でんき)をつける (전등을 켜다)			
	電気(でんき)を	つけない	켜지 않는다	〈부정형〉
		つけます	켭니다	〈정중형〉
		つけません	켜지 않습니다	〈정중부정형〉
		つけましょう	켭시다	〈권유형〉
		つけられる	켤 수 있다	〈가능형〉
		つければ	켜면	〈가정형〉

はかる (　　그룹)	寸法を測る (치수를 재다)			
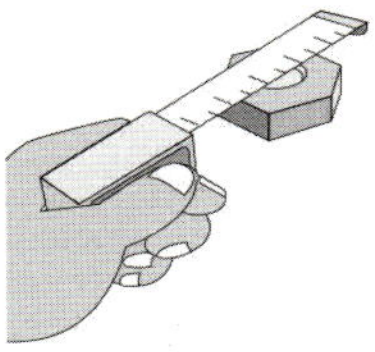 	寸法を	はからない		〈부정형〉
			잽니다	〈정중형〉
				〈정중부정형〉
				〈권유형〉
				〈가능형〉
				〈가정형〉

おる (　　그룹)	鉄板を折る (철판을 접다/구부리다/꺾다)			
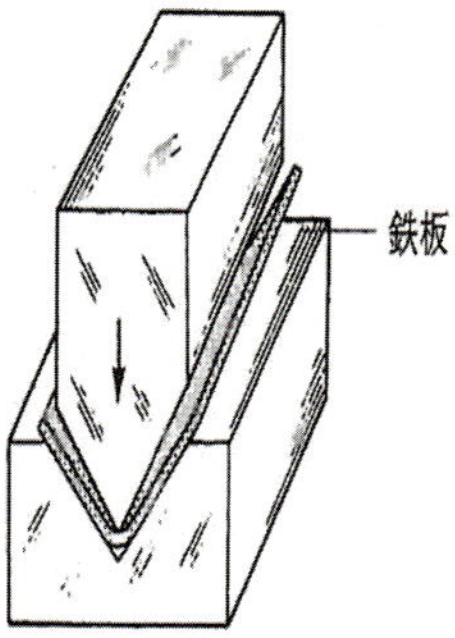	鉄板を			〈부정형〉
		おります		〈정중형〉
				〈정중부정형〉
				〈권유형〉
				〈가능형〉
			접으면	〈가정형〉

のばす (　　그룹)	スプリングを伸ばす (스프링을 팽팽하게 하다/늘리다)			
	スプリングを			〈부정형〉
				〈정중형〉
		のばしません		〈정중부정형〉
			늘립시다	〈권유형〉
				〈가능형〉
				〈가정형〉

まげる (　　그룹)	ローラーで曲げる (롤러로 구부리다)　(↔ 伸ばす)			
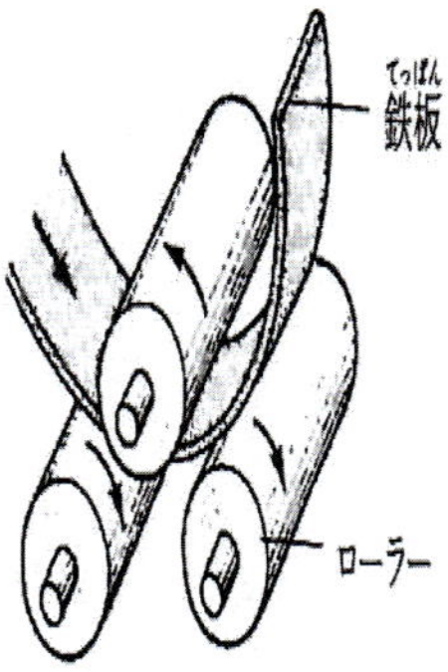	ローラーで		구부리지 않다	〈부정형〉
				〈정중형〉
				〈정중부정형〉
		まげましょう		〈권유형〉
				〈가능형〉
				〈가정형〉

あける（　　그룹)	ドリルで穴(あな)をあける (드릴로 구멍을 내다)			
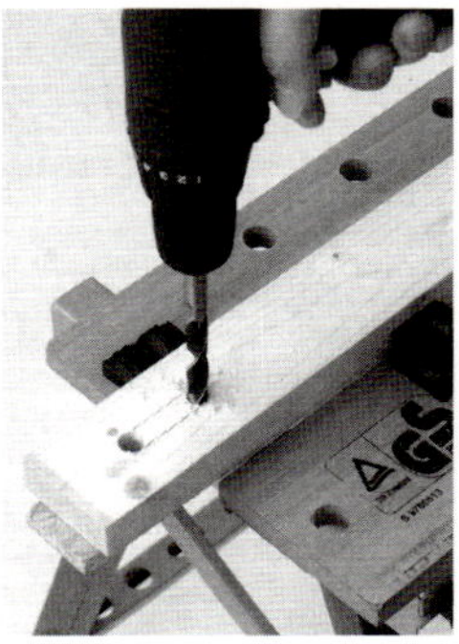	ドリルで			〈부정형〉
				〈정중형〉
				〈정중부정형〉
				〈권유형〉
		あけられる		〈가능형〉
			구멍을 내면	〈가정형〉

けずる（　　그룹 ）	バイトで削(けず)る (바이트로 깎다)			
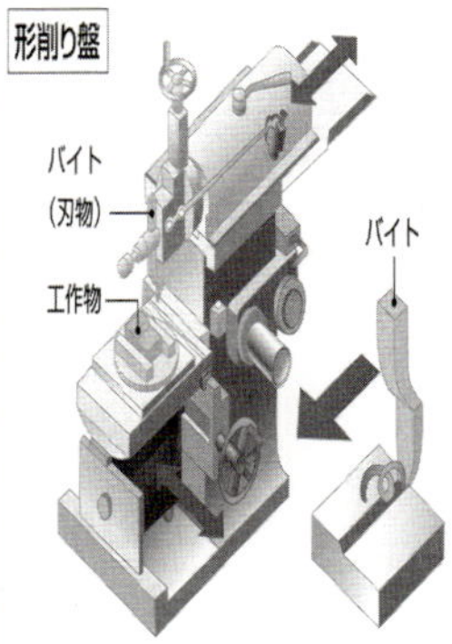	バイトで			〈부정형〉
				〈정중형〉
				〈정중부정형〉
				〈권유형〉
			깎을 수 있다	〈가능형〉
		けずれば		〈가정형〉

• バイト：선반 등 공작기계에 쓰이는 공구

きる（　　그룹）	弓(ゆみ)のこで切(き)る (활톱으로 자르다)			
 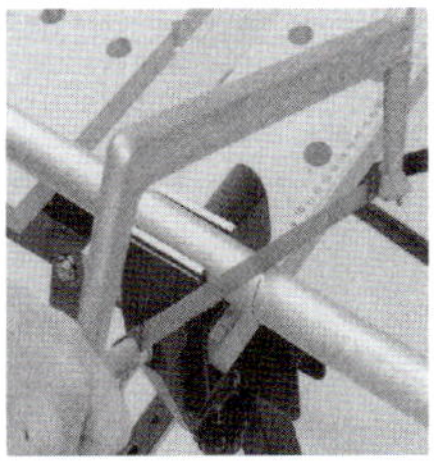	弓(ゆみ)のこで			〈부정형〉
		きります		〈정중형〉
				〈정중부정형〉
				〈권유형〉
				〈가능형〉
			자르면	〈가정형〉

する（　　그룹）	やすりで擦(す)る (줄질하다/줄로 쓸다) = やすりをかける			
 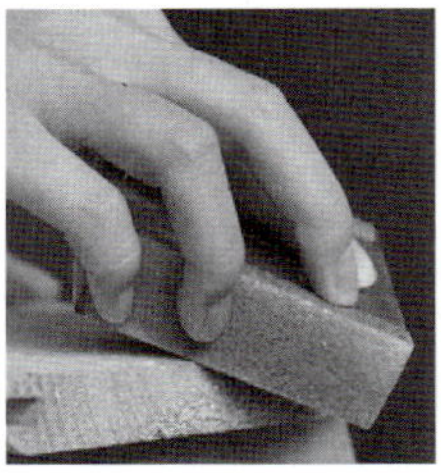	やすりで	すらない		〈부정형〉
				〈정중형〉
				〈정중부정형〉
				〈권유형〉
				〈가능형〉
				〈가정형〉

ひく（　　그룹）	線(せん)をひく (선을 긋다)			
 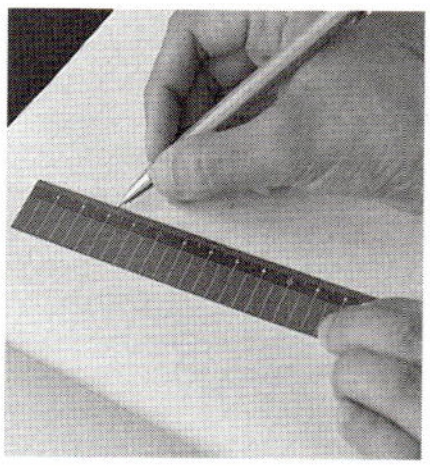	線(せん)を		긋지 않다	〈부정형〉
				〈정중형〉
				〈정중부정형〉
				〈권유형〉
		ひける		〈가능형〉
				〈가정형〉

のせる（　　그룹）	工作物(こうさくぶつ)をのせる (공작물을 얹다/올리다)			
	工作物(こうさくぶつ)を			〈부정형〉
				〈정중형〉
				〈정중부정형〉
			올립시다	〈권유형〉
				〈가능형〉
		のせれば		〈가정형〉

2.2 자동차 (自動車)

自動車産業 (じどうしゃさんぎょう, Automobile Industry)

- 自動車産業とは、自動車と部品の生産、販売、流通、利用、整備に関連した産業をいいます。日本の自動車産業は、「ものづくり」産業の中で、重要な役割をしています。

- 自動車部品メーカーの上位100社を見ると、日本が30社、アメリカが25社、ドイツが18社、韓国が5社です(2014年)。韓国の生産台数は、2010年世界で5番目です。「現代自動車」は、アジアで2番目に大きいです。1988年にすでに年間生産台数が、100万台を超えました。

문법 포인트

1. ～とは：～(이)란

- 自動車産業とは (자동차 산업이란)

2. ～に関連した：～와/과 관련된

- 部品の生産、販売に関連した産業をいいます。

  (부품생산, 판매와 관련된 산업을 말합니다.)

3. ～の中で：～중에서

- 産業の中で (산업 중에서)
- 家族の中で (가족 중에서)

어 휘

産業(さんぎょう)	산업	～とは	~(이)란
部品(ぶひん)	부품	販売(はんばい)	판매
流通(りゅうつう)	유통	利用(りよう)	이용
整備(せいび)	정비	関連(かんれん)	관련
中(なか)	가운데	重要(じゅうよう)	중요
役割(やくわり)	역할	メーカー	메이커, 제조사
上位(じょうい)	상위	–社(しゃ)	-(개)사
アメリカ	미국	ドイツ	독일
生産台数(せいさんだいすう)	생산 대수	世界(せかい)	세계
–番目(ばんめ)	-번째	アジア	아시아
すでに	이미	年間(ねんかん)	연간
–台(だい)	-대	超(こ)える	넘다, 초과하다

2.3 로 봇 (ロボット)

ロボット（robot）

- ロボットは、人の代わりに作業を行う機械をいいます。

- ＜産業用ロボット＞

  工場で使われ、コンピュータの制御によって作業を行います。

- ＜人間型ロボット(ヒューマノイド)＞

  「humanoid」は「human(人)」と「oid(のようなもの)」を組み合わせたことばで、

  「ASIMO」などの人間によく似たロボットをいいます。

- 最近、人工知能の発展により、さまざまなサービス業界で活用されています。

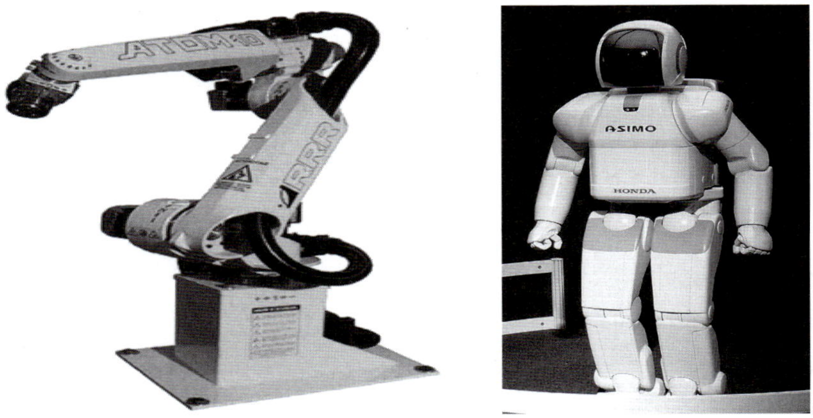

[그림 II－1] 산업용 로봇과 휴머노이드

어 휘

• ～の代(か)わりに	~대신에	• 作業(さぎょう)	작업
• 産業用(さんぎょうよう)	산업용	• 工場(こうじょう)	공장
• 使(つか)う	사용하다	• 制御(せいぎょ)	제어
• 人間型(にんげんがた)	인간형	• 組(く)み合(あ)わせる	조합하다
• 似(に)る	유사하다, 닮다	• よく	매우, 잘
• 人工知能(じんこうちのう)	인공지능	• 最近(さいきん)	최근
• さまざまな	다양한	• 発展(はってん)	발전
• 活用(かつよう)	활용	• 業界(ぎょうかい)	업계

로 봇

- 로봇은 사람 대신에 작업을 수행하는 기계를 말합니다.
- <산업용 로봇>
  공장에서 사용되어 컴퓨터의 제어에 의해 작업을 수행합니다.
- <인간형 로봇 (휴머노이드)>
  「humanoid」는 「human(사람)」과 「oid(~과 같은, ~모양의)」가 조합된 말로, 「ASIMO」 등의 인간의 신체와 유사한 모습을 한 로봇을 말합니다.
- 최근 인공지능의 발전으로 다양한 서비스 업계에서 활용되고 있습니다.

[그림 II-2] 협업 로봇

2.4 스마트폰（スマートフォン）

スマートフォン（smart phone）

■ スマートフォンとは、オペレーティングシステム(Operating System, OS)を搭載した携帯電話のことをいいます。日本では「スマホ」ともいいます。

■ スマートフォンの主な機能

① インターネット(internet)への接続

② マルチメディア・プレーヤー(multimedia player)

③ デジタル・ムービー・カメラ(digital movie camera)

④ GPS(global positioning system) 位置情報

⑤ 地上波テレビ(television)・ラジオ(radio)

⑥ PDF・ハングル・ワード(word)・エクセル(Excel)などの閲覧

⑦ ゲーム(game)

⑧ ワイーファイ(Wi-Fi)

⑨ 携帯・時計

⑩ 電子書籍・辞書・電卓

어 휘

• 搭載(とうさい)	탑재	• 携帯電話(けいたいでんわ)	휴대전화
• 主(おも)な	주요, 중요한	• 機能(きのう)	기능
• 接続(せつぞく)	연결	• 位置(いち)	위치
• 地上波(ちじょうは)	지상파	• 閲覧(えつらん)	열람
• 時計(とけい)	시계	• 電子書籍(でんししょせき)	전자서적
• 辞書(じしょ)	사전	• 電卓(でんたく)	계산기

〈세계의 스마트폰 시장〉

ガートナー(Gartner)によると、2015年の世界のスマートフォンの出荷台数は19%成長。

世界のスマートフォンの売上は、前年同期から19.3%成長し、3億3600万台に達した。

세계 스마트폰의 출하대수와 점유율 (기업별)

	2014년		2015년	
	출하대수	점유율	출하대수	점유율
Samsung	85,507	30.4%	81,123	24.2%
Apple	43,062	15.3%	60,177	17.9%
Lenovo	16,721	5.9%	18,888	5.6%
Huawei	13,450	4.8%	18,102	5.4%
LG	11,200	4.0%	15,428	4.6%
기타	111,698	39.7%	142,336	42.4%
합 계	281,637	100%	336,054	100%

(단위 : 천 대, 출처 : Gartner, 2015년 5월)

세계 스마트폰의 출하대수와 점유율 (OS별)

	2014년		2015년	
	출하대수	점유율	출하대수	점유율
Android	227,549	80.8	265,012	78.9
i OS	43,062	15.3	60,177	17.9
Windows	7,580	2.7	8,271	2.5
Blackberry	1,714	0.6	1,325	0.4
기타 OS	1,731	0.6	1,269	0.4
합 계	336,054	100%	281,637	100%

(2015년 Android 스마트폰의 출하대수와 점유율은 1.9%감소)

2.5 반도체 (半導体)

半導体（はんどうたい, semiconductor）

- 半導体とは、電気電導性の良い金属などの導体と電気抵抗率の大きいゴムなどの絶縁体の中間的な抵抗率をもつ物質をいいます。
- 半導体は、熱や光、電圧、電流、放射線などの影響で電導性が変わる特徴があります。

어 휘

電気(でんき)	전기	電導性(でんどうせい)	전도성
良(よ･い)い	좋다	金属(きんぞく)	금속
導体(どうたい)	도체	抵抗率(ていこうりつ)	저항률
ゴム	고무	絶縁体(ぜつえんたい)	절연체
中間的(ちゅうかんてき)	중간적	物質(ぶっしつ)	물질
熱(ねつ)	열	光(ひかり)	빛
電圧(でんあつ)	전압	電流(でんりゅう)	전류
放射線(ほうしゃせん)	방사선	影響(えいきょう)	영향
変(か)わる	변하다, 바뀌다	特徴(とくちょう)	특징

세계 반도체 회사의 판매액 순위 (단위:100만 달러)

순위	회 사 명	2014년 판매액	2015년 판매액	성 장 도	시장점유율
1	Intel	52,331	51,709	▲1.2%	15.5%
2	Samsung Electronics	34,742	38,855	11.8%	11.6%
3	SK Hynix	15,997	16,494	3.1%	4.9%
4	Qualcomm	19,291	15,936	▲17.4%	4.8%
5	Micron Technology	16,278	14,448	▲11.2%	4.3%
6	Texas Instruments	11,538	11,533	0.0%	3.5%
7	東芝(Toshiba)	10,665	9,622	▲9.8%	2.9%
8	Broadcom	8,428	8,419	▲0.1%	2.5%
9	STMicroelectronics	7,376	6,890	▲6.6%	2.1%
10	Infineon Technologies	5,693	6,630	16.5%	2.0%
	기타	157,992	153,182	▲3.0%	45.9%
합 계		340,331	333,718	▲1.9%	100%

* 환율：2014年 1달러＝105.8円, 2015年 1달러＝120.7円, 출전：ガートナー

- 2015年の「世界半導体市場規模」が、1.9%減小の3337億ドルになった。(2016年1月)
- メーカー別でみると、インテル(Intel)が前年比1.2%減少であるが、市場シェアは15.5%で、24年連続の首位をキープしている。
- サムスン電子(Samsung Electronics)は、11.8%成長して、市場シェア11.6%で、第2位を維持している。

2.6 3D 프린터 (3Dプリンター)

3Dプリンター (3D・スリーディー printer)

- 3Dプリンターとは、3D−CAD、3D−CGデータをもとに立体化する機器です。

- 一般的なプリンターが2次元で紙に印刷することに対して、3次元の物体を一層一層積層させながら造形します。

- 最近はメタル3Dプリンターが発明され「ものづくり」が現実になりました。

  加工精度がすぐれ、簡単な金属の部品は加工なしでもすぐにつくられます。

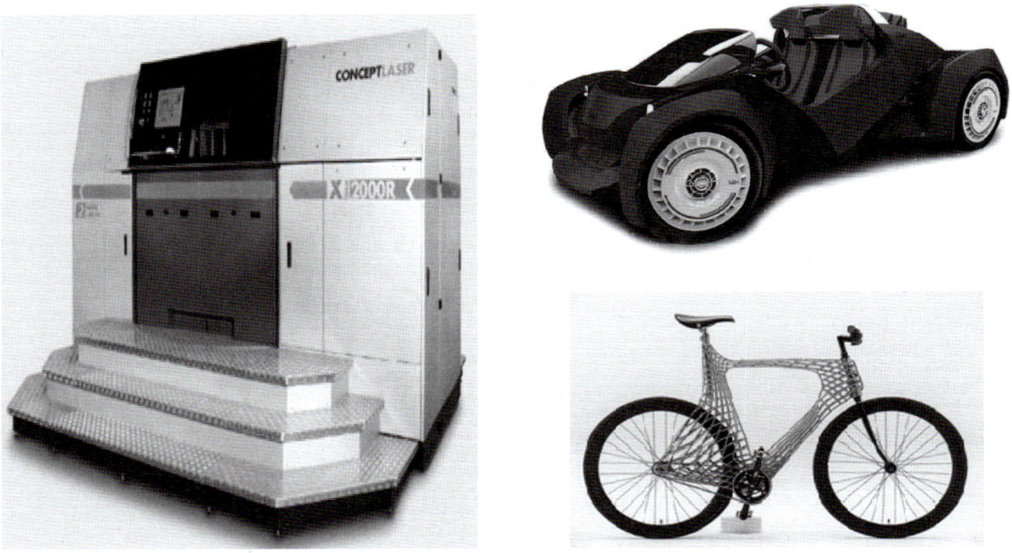

[그림 II−3] 3D 프린터와 출력 사례

어 휘

• 立体化(りったいか)	입체화	• 機器(きき)	기기
• 一般的(いっぱんてき)な	일반적인	• 2次元(にじげん)	2차원
• 紙(かみ)	종이	• 印刷(いんさつ)	인쇄
• 3次元(さんじげん)	3차원	• 物体(ぶったい)	물체
• 一層一層(いっそういっそう)	한 층 한 층	• 積層(せきそう)	적층
• 造形(ぞうけい)	조형	• 最近(さいきん)	최근
• メタル	메탈	• 発明(はつめい)	발명
• 現実(げんじつ)	현실	• なる	되다
• 加工精度(かこうせいど)	가공정밀도	• すぐれる	뛰어나다
• 部品(ぶひん)	부품	• すぐに	곧바로, 즉시

3D 프린터

- 3D프린터는 3D-CAD, 3D-CG 데이터를 바탕으로 입체화시키는 기기입니다.
- 일반적인 프린터가 2차원으로 종이에 인쇄하는 것에 대해 3차원 물체를 한 층 한 층 적층시키면서 조형합니다.
- 최근에는 메탈 3D프린터가 발명되어 「모노 즈쿠리」가 현실이 되었습니다. 가공 정밀도가 뛰어나 간단한 금속 부품은 가공 없이도 곧바로 만들 수 있습니다.

2.7 금 형 (金型)

金型 (かながた, die and mold)

- 金型は、半導体のリードフレームや電子部品、自動車各部など、プラスチック・金属・ゴム・ガラス製品を大量生産するとき必ず使用される機械です。
- 日本金型メーカーの強みは、高精度、短納期です。特に、作業中に生じる誤差を熟練工の手作業で調整します。
- しかし、最近は韓国・中国製品に比べ、安すぎる価格だという声もあります。これから競争力を維持するためには「縁の下の力持ち」である金型産業の発展が不可欠です。

어 휘

• リード フレーム	리드 프레임	• 各部(かくぶ)	각부
• 金属(きんぞく)	금속	• ガラス製品(せいひん)	유리 제품
• 大量(たいりょう)	대량	• 必(かなら)ず	반드시
• 強(つよ)み	강점	• 高精度(こうせいど)	고정밀
• 短納期(たんのうき)	단기납품	• 作業中(さぎょうちゅう)	작업 중
• 誤差(ごさ)	오차	• 熟練工(じゅくれんこう)	숙련공
• 手作業(てさぎょう)	수작업	• 調整(ちょうせい)	조정
• しかし	그러나	• 比(くら)べる	비교하다
• 安(やす)すぎる	너무 싸다	• 価格(かかく)	가격
• 声(こえ)	목소리	• 競争力(きょうそうりょく)	경쟁력
• 維持(いじ)	유지	• 産業(さんぎょう)	산업
• 発展(はってん)	발전	• 不可欠(ふかけつ)	불가결, 필수

문법 포인트

~すぎる : 너무 ~하다 (마이너스적인 의미)

- 동사의 ます형, い・な형용사의 어간에 すぎる가 접속되며
  그 동작과 상태가 과한 것을 나타내어 마이너스적인 의미로 사용된다.
- 食べすぎる (과식하다)　　飲みすぎる (과음하다)
- 高すぎる (너무 비싸다)　　しずかすぎる (너무 조용하다)
- 最近は韓国·中国製品に比べ、安すぎる価格だという声もあります。

(최근에는 한국·중국 제품에 비해 너무 싼 가격이라는 소리도 있습니다.)

일본어 속담 (ことわざ)

- 縁の下の力持ち : 표면에 나서지 않고 뒤에서 진력하는 사람, 숨은 공로자

  縁の下 : 툇마루 밑

  力持ち : 힘이 셈, 힘이 센 사람

Q & A

Q1. 金型とは何ですか。

→ (　　　　　　　　　　　　　　　　　　　　　　　　　　　　　　　　)

Q2. 特に作業中に生じる誤差はどう調整しますか。

→ (　　　　　　　　　　　　　　　　　　　　　　　　　　　　　　　　)

Q3. 「표면에 나서지 않고 뒤에서 진력하는 숨은 공로자」を何といいますか。

→ (　　　　　　　　　　　　　　　　　　　　　　　　　　　　　　　　)

Q4. 日本の金型メーカーの強みは何ですか。

→ (　　　　　　　　　　　　　　　　　　　　　　　　　　　　　　　　)

Q5. 価格についてどんな声がありますか。

→ (　　　　　　　　　　　　　　　　　　　　　　　　　　　　　　　　)

chapter 3 주요 산업 분야별 회화

3.1 기계 산업 (機械産業)

3.1.1 기계일본어 (機械日本語, きかいにほんご)

A：あの、柳韓大学(ユハンだいがく)の機械工学科(きかいこうがくか)ではどんなことを勉強(べんきょう)しますか。

B：機械(きかい)の製作(せいさく)や設計(せっけい)や機能(きのう)などを学(まな)びます。

「ものづくり」の先進国(せんしんこく)である日本(にほん)の生産(せいさん)システムの特徴(とくちょう)を勉強(べんきょう)する目的(もくてき)もあります。

A：ああ、それで「機械日本語(きかいにほんご)」という科目(かもく)が設(もう)けられたわけですね。

B：そうですね。韓国(かんこく)と日本(にほん)との技術交流(ぎじゅつこうりゅう)のためにも日本語(にほんご)が必要(ひつよう)ですね。

また、韓国(かんこく)に進出(しんしゅつ)している日本(にほん)の会社(かいしゃ)に就職(しゅうしょく)して活躍(かつやく)するためにも日本語(にほんご)が話(はな)せなければなりません。

A：あ、そうですか。

B：日本(にほん)の会社(かいしゃ)に就職(しゅうしょく)して、技術研修(ぎじゅつけんしゅう)をしながら

テクニカル通訳(つうやく)の仕事(しごと)をするすばらしい人(ひと)もいますよ。

A：「機械日本語(きかいにほんご)」ってとても役(やく)に立(た)つ授業(じゅぎょう)ですね。

「ものづくり」 모노즈쿠리

장인정신을 바탕으로 한 일본의 독특한 제조문화를 일컫는 대명사이며 일본 제조업의 혼이자 일본의 자존심을 상징하기도 한다. 1990년대 후반부터 활발히 사용된 말로, 일본 기업의 경쟁력 요인을 설명할 때 자주 인용되고 있다.

문법 포인트

1. ~ながら : ~하면서

- 동사의 ます형에 접속하여 동작이 공존하는 뜻을 나타낸다.
- ます형 + ながら　　する → しながら
- 技術研修をしながら　(기술연수를 하면서)
- テレビを見ながら　(TV를 보면서)

2. ~れる · られる : ~어 지다, ~게 되다 (수동)

- 동사의 수동형으로, 동작의 영향을 받는 쪽에 시점을 둔 표현이다.
- 設ける (만들다)　設けられる (만들어지다)　設けられた (만들어졌다)
- それで「機械日本語」という科目が設けられたわけですね。
  (그래서 기계일본어라는 과목이 만들어진 것이군요.)

어 휘

どんな	어떤	会社(かいしゃ)	회사
勉強(べんきょう)	공부	進出(しんしゅつ)	진출
~や~や~など	~와~와~등	就職(しゅうしょく)	취업
学(まな)ぶ	배우다	活躍(かつやく)	활약
先進国(せんしんこく)	선진국	話(はな)せる	말할 수 있다
生産(せいさん)	생산	システム	시스템
特徴(とくちょう)	특징	それで	그래서
技術(ぎじゅつ)	기술	研修(けんしゅう)	연수
科目(かもく)	과목	設(もう)ける	만들다
すばらしい	멋지다	わけ	뜻, 이유
役(やく)に立(た)つ	도움이 되다	交流(こうりゅう)	교류
授業(じゅぎょう)	수업	必要(ひつよう)	필요
テクニカル通訳(つうやく)	기술 통역		

3.1.2 스마트폰（スマートフォン）

パク：それは何(なん)ですか。

新(あたら)しいスマートフォンじゃありませんか。

木村：これ、買(か)っちゃいました。

パク：画面(がめん)が大(おお)きくて、いいですね。

使(つか)い方(かた)はむずかしくありませんか。

木村：全然(ぜんぜん)むずかしくないですよ。とても便利(べんり)です。

パク：私(わたし)も買(か)いたい！

ところで、最近(さいきん)、日本(にほん)で人気(にんき)があるスマートフォンは何(なん)ですか？

木村：世界的(せかいてき)に見(み)るとグーグルが開発(かいはつ)したアンドロイドのシェアが圧倒的(あっとうてき)に大(おお)きいですが、日本(にほん)ではアップルのアイフォンが人気(にんき)があるようです。

어 휘

• 新(あたら)しい	새롭다	• 最近(さいきん)	최근
• 買(か)う	사다	• 世界的(せかいてき)	세계적
• 画面(がめん)	화면	• 見(み)る	보다
• 使(つか)い方(かた)	사용법	• 開発(かいはつ)	개발
• 全然(ぜんぜん)	전혀	• シェア	시장점유율
• 便利(べんり)だ	편리하다	• 圧倒的(あっとうてき)	압도적
• ところで	그런데	• ～ようだ	~인 듯하다

문법 포인트

1. ~ちゃう : ~해 버리다

- 「~てしまう」의 축약형 표현으로, 동작이 완료된 것을 나타낸다.
- 食べる + しまう → 食べてしまう (먹어버리다) → 食べちゃう (축약형)
- 買う + しまう → 買ってしまいました → 買っちゃいました

2. ~たい : ~하고 싶다

- 동사의 ます형에 접속되어 희망이나 욕구를 나타내는 표현이다.
- 食べる + たい → 食べたい (먹고 싶다)
- 私も買いたい。 (나도 사고 싶다.)

3. ~ようだ : ~인 듯하다, 인 것 같다 (p.93 참조)

- 무엇인가의 근거에 의한 화자의 추측을 나타내는 표현으로
  명사 + の, 형용사・동사의 연체형에 접속되며 활용은 な형용사에 준한다.
- 日本人のようです。 (일본인인 듯합니다.) 〈명사〉 + の
- おもしろいようです。 (재미있는 것 같습니다.) 〈い형용사〉
- 親切なようです。 (친절한 것 같습니다.) 〈な형용사〉 だ → な
- 日本ではアップルのアイフォンが人気があるようです。 〈동사〉
  (일본에서는 애플의 아이폰이 인기가 있는 것 같습니다.)

	アンドロイド	iOS
韓 国	58.5%	35.1%
日 本	48.7%	50.3%

3.1.3 금형（金型，かながた）

キム：田中課長、脱サラするかも知れないって、本当ですか。

木村：おじいさんが金型の熟練技術者で、引退前に技術を継承する人を捜しているらしいですよ。

キム：ひょっとして課長のおじいさん、人間国宝ですか。

木村：人間国宝とまでは言えないけど、業界では名の知れた方だそうですよ。

キム：課長と金型の匠って、なんだかイメージが合わないけど。

木村：日本の製造業の未來が金型の技術の伝承にかかっていると言っても過言じゃないから、僕たちも応援しましょう。

어 휘

• 課長(かちょう)	과장	• 業界(ぎょうかい)	업계
• 脱(だつ)サラ	탈 샐러리맨	• 匠(たくみ)	장인
• 金型(かながた)	금형	• なんだか	왠지
• 熟練(じゅくれん)	숙련	• 合(あ)う	맞다
• 技術者(ぎじゅつしゃ)	기술자	• 製造業(せいぞうぎょう)	제조업
• 引退(いんたい)	은퇴	• 未來(みらい)	미래
• 継承(けいしょう)	계승	• 伝承(でんしょう)	전승
• 捜(さが)す	찾다	• かかる	달리다
• ひょっとして	혹시	• 過言(かごん)	과언
• 人間国宝(にんげんこくほう)	인간문화재	• 応援(おうえん)	응원

문법 포인트

1. ～と までは 言えないけど：～라고 까지는 말할 수 없지만

- 정도의 도착점을 나타내는 부조사 「まで」에서 나온 것으로, 「～라는 정도, 수준에는 미치지 못하지만」이라는 것을 의미한다.
- 人間国宝とまでは言えないけど、～
  (인간문화재라고 까지는 말할 수 없지만, ～)
- 彼の日本語は、完全とまでは言えないが、かなりの水準です。
  (그의 일본어는 완전히는 아니지만 상당한 수준입니다.)

2. ～と 言っても 過言では ない：～라고 해도 과언이 아니다

- 「～라고 해도 지나치지 않는다」는 것을 의미한다.
- 世界の関心が集中していると言っても過言ではない。
  (세계의 관심이 집중되고 있다고 해도 과언이 아니다.)
- 製造業の未來が金型の技術の伝承にかかっていると言っても過言じゃない。
  (제조업의 미래가 금형기술의 전승에 달려있다고 해도 과언이 아니다.)

3.1.4 철도（鉄道，てつどう）

イ　：「乗り鉄」って何ですか。

木村：鉄道に乗るのが趣味で、全ての路線に乗ることが目的のようです。

イ　：すごいですね。そんな趣味もあったんですね。

木村：「撮り鉄」といって、鉄道写真をとることに心血を注ぐ人もいますよ。

イ　：そうですか。

木村：その他にも鉄道模型のコレクションをする人や、駅弁にこだわる人も多いです。

それから、鉄道車両の音を録音する人もいますよ。

イ　：鉄道ファンといっても、ずいぶん細分化されていますね。

어 휘

- 鉄道(てつどう)　철도
- 乗(の)る　타다
- 趣味(しゅみ)　취미
- 全(すべ)て　모든
- 路線(ろせん)　노선
- 目的(もくてき)　목적
- 写真(しゃしん)　사진
- とる　찍다, 촬영하다
- 心血(しんけつ)　심혈
- 注(そそ)ぐ　쏟다
- 模型(もけい)　모형
- 駅弁(えきべん)　역에서 파는 도시락
- こだわる　집착하다, 고집하다
- 車両(しゃりょう)　차량
- 音(おと)　소리
- 録音(ろくおん)　녹음
- ずいぶん　꽤
- 細分化(さいぶんか)　세분화

문법 포인트

1. ～に こだわる : ～에 집착하다, 연연해하다, 고집하다

- 形式にこだわる必要はありません。

  (형식에 집착할 필요는 없습니다.)

- 駅弁にこだわる人も多いです。

  (역에서 파는 도시락에 연연해하는 사람도 많아요.)

2. ～される : ～어 지다, ～게 되다 (p.37 참조)

- 「～れる・られる・される」의 형태로 동작의 영향을 받는 쪽에 시점을 둔 수동표현이다.
- 呼ぶ (부르다) → 呼ばれる (불리다)
- 食べる (먹다) → 食られる (먹히다)
- する (하다) → される (되다)
- 鉄道ファンといっても、ずいぶん細分化されていますね。

  (철도 팬도 꽤 세분화되어 있군요.)

3.2 자동차 산업 (自動車産業)

3.2.1 자동차 산업 (自動車産業, じどうしゃさんぎょう)

A：今、世界的に一番大事な業界の一つが、自動車産業ですね。

B：そうですね。日本の自動車メーカーは何がありますか。

A：伝統的に「トヨタ」と「日産」が有名ですね。

B：韓国は、「HYUNDAI」と「KIA」が生産量の多い会社ですね。

A：でも、韓国も日本も不景気で、自動車の販売数や売り上げがだんだん少なくなっています。

B：日韓ともに景気が回復してほしいです。

A：その通りですね。

어 휘

• 今(いま)	지금	• でも	하지만
• 世界的(せかいてき)	세계적	• 不景気(ふけいき)	불경기
• 一番(いちばん)	가장	• 売(う)り上(あ)げ	매출
• 大事(だいじ)だ	중요하다	• だんだん	점점
• 業界(ぎょうかい)	업계	• 少(すく)ない	적다
• 伝統的(でんとうてき)	전통적	• ともに	함께
• 有名(ゆうめい)だ	유명하다	• ~てほしい	~해주길 원하다
• 生産量(せいさんりょう)	생산량	• その通(とお)り	그대로임, 그와 같음
• 多(おお)い	많다		

문법 포인트

1. ～く なる : ～해 지다

- 상태의 변화를 나타내는 표현으로
  い형용사는 어미를 「く」로 바꾸고 「なる」가 접속된다.
- 少ない + なる → 少なくなる
- 売り上げが、だんだん少なくなりました。(매출이 점점 줄어들었습니다.)

- 명사, な형용사 어간에는 「に なる」가 접속된다.
- 彼は日本語の先生になりました。(그는 일본어 선생님이 되었습니다.)
- 彼女のことが好きになりました。 (그녀가 좋아졌습니다.)

2. ～て ほしい : ～해주길 원하다, 바라다, ～하였으면 한다

- 동사 て형에 「ほしい」가 접속되어 바램, 희망, 욕구를 나타낸다.
- する + て ほしい → してほしい
- 日韓ともに景気が 回復してほしいです。
  (한일 모두 경기가 회복되었으면 합니다.)

3.2.2 자동차 제조사（自動車メーカー，じどうしゃメーカー）

パク：田中さん、自動車メーカーで、どのメーカーが世界一位だと思いますか。

田中：そうですね。日本でよく目にする車は、トヨタ、日産、ホンダですから、
トヨタじゃありませんか。

パク：そうです。世界一位は「トヨタ」だそうです。

田中：ああ、そうですか。うれしいですね。日産は?

パク：日産は6位で、韓国でも人気がありますよ。
韓国では、トヨタのレクサス、日産のインフィニティ、本田のアキュラが
有名です。

田中：ああ、そうですか。
これからの自動車市場の競争が楽しみですね。

어 휘

• 一位(いちい)	1위	• うれしい	기쁘다
• 思(おも)う	생각하다	• 人気(にんき)	인기
• よく	자주, 흔히	• ある	있다
• 目(め)にする	실제로 보다	• これから	앞으로
• 車(くるま)	차	• 市場(しじょう)	시장
• ～から	~(이)니까	• 競争(きょうそう)	경쟁
• ～そうだ	~라고 한다	• 楽(たの)しみ	즐거움, 기대

문법 포인트

1. ～そうだ (1) : ～라고 한다 (전문, 전언)

- 다른 사람에게 들은 내용을 전하는 전문(伝聞) 표현으로
  명사 + だ, 형용사・동사의 기본형과 た형에 「そうだ」가 접속되며
  활용은 な형용사에 준한다.
- 世界一位は「トヨタ」だそうです。 (세계 1위는 도요타라고 합니다.)
- おいしいそうです。 (맛있다고 해요.)
- あした日本に行くそうです。 (내일 일본에 간다고 합니다.)

2. ～そうだ (2) : ～인 듯하다, ～인 것 같다 (추측)

- 화자가 보거나 느끼거나 한 것으로부터 판단한 양태(様態)를 나타내는
  추측표현은 형용사의 어간, 동사의 ます형에 「そうだ」가 접속된다.
- おいしそうです。 (맛있을 것 같아요.)
- 雨が降りそうです。 (비가 올 것 같아요.)

국가별 자동차 판매 순위 (2015년)

순위	회 사	판매대수	국 가
1	トヨタ Toyota	10,151,000台	日本
2	フォルクスワーゲン Volkswagen	9,930,000台	ドイツ
3	ゼネラルモーターズ General	9,840,000台	アメリカ
4	ルノー・日産 Renault Nissan	8,528,000台	日本 フランス
5	現代 Hyundai	7,760,000台	韓国
6	フォード Ford	6,635,000台	アメリカ
7	ホンダ Honda	4,710,000台	日本
8	FCA(フィアット・クライスラー) Fiat Chrysler	4,610,000台	イタリア アメリカ
9	PSA(プジョー・シトロエン) Peugeot Citroën	2,973,000台	フランス
10	スズキ SUZUKI	2,880,000台	日本

3.2.3 텔레매틱스（テレマティクス）

パク ：ずいぶん早く着きましたね。

僕の方が先に出発したのに、どうしてですか。

木村：テレマティクスのおかげです。

パク ：テレマティクス？

木村：カーナビをもっと進化させた情報システムのことですよ。

高速が渋滞だという情報を聞いて別の道を来たんです。

パク ：へえ、便利になりましたね。

木村：それだけじゃないですよ。

駐車場もどこが空いているか、聞いて来たから、すぐに駐車できたんです。

パク ：ああ、そうですか。

テレマティクス

차량 무선 인터넷 서비스. 2005년 8월 국내에 등장한 렉서스에는 도요타의 최첨단 텔레매틱스 시스템 'G-Link' 가 표준으로 탑재되어 있다. 종래의 G-BOOK 서비스에 덧붙여 24시간 긴급대응 서비스와 G-Link 센터에 의한 진단 통지・정기점검 통지를 실행하는 Remote mentanance service는 확실하게 진화되고 있다.

어 휘

• 早(はや)く	빨리	• 進化(しんか)	진화
• 着(つ)く	도착하다	• 情報(じょうほう)	정보
• 先(さき)に	먼저	• 高速(こうそく)	고속
• 出発(しゅっぱつ)	출발	• 渋滞(じゅうたい)	정체
• テレマティクス	텔레매틱스	• 別(べつ)の道(みち)	다른 길
• おかげ	덕분	• 便利(べんり)	편리
• カーナビ	카 내비게이션	• 空(あ)く	비다
• もっと	더욱	• すぐに	즉시

문법 포인트

1. ～の おかげ : ～덕분에

- 「～의 도움이 있어서」라는 뜻으로 원인이나 이유를 나타내며, 좋은 결과가 생겼을 때 사용된다.
- テレマティクスのおかげです。 (텔레매틱스 덕분입니다.)
- 今日の私があるのは、すべて先生のおかげです。

  (오늘의 내가 있는 것은 모두 선생님 덕분입니다)

2. ～んです・～のです

- 문말의 기본형・た형에 접속되며, 어떤 기정사실로 파악된 사항의 배경에 대해 화자가 이유나 사정을 설명하거나 상대방에게 그 설명을 요구하는 경우에 사용된다.
- 「～のです」는 회화에서는 「～んです」로 음이 변하는 경우가 많다.
- 高速が渋滞だという情報を聞いて別の道を来るたんです。 〈이유 설명〉

  (고속도로가 정체라는 정보를 듣고 다른 길로 왔거든요.)
- それで、私たちは何をするんですか。 〈설명 요구〉

  (그래서 우리들은 뭘 하는 건가요?)

3.2.4 모터쇼（モーターショー）

木村：イさん、アメリカ旅行はどうでしたか。

イ　：実は、デトロイトのモーターショーが目的で行って来ました。

木村：去年はフランクフルトのモーターショーに行って来たでしょう？
イさん、カーキチですね。

イ　：世界３大モーターショーを全部みるのが夢だったので、
今回、それを達成したということです。

木村：すごいですね。それで今回はどうでしたか。

イ　：未来は電気自動車が主流となるような気がしました。

木村：それはどうしてですか。

イ　：やっぱりエコカーの要求が高まっているからじゃないですか。
次世代は、電気車が未来型自動車として普及されると思いますね。

木村：それなら環境にやさしいからいいですね。

어 휘

• 旅行(りょこう)	여행	• やっぱり	역시
• 実(じつ)は	사실은	• エコカー	친환경차
• 去年(きょねん)	작년	• 要求(ようきゅう)	요구
• カーキチ	자동차광	• 高(たか)まる	높아지다
• 全部(ぜんぶ)	전부	• 次世代(じせだい)	차세대
• 夢(ゆめ)	꿈	• 未来型(みらいがた)	미래형
• 今回(こんかい)	이번	• 普及(ふきゅう)	보급
• 達成(たっせい)	달성	• 思(おも)う	생각하다
• 主流(しゅりゅう)	주류	• 環境(かんきょう)	환경

문법 포인트

1. ～と いう ことだ : ～라는 말이다, ～라는 것이다 (설명) (p.99 참조)

- 형용사, 동사의 기본형・た형 등에 접속된다.
- 今回、それを達成したということです。

  (이번에 그것을 달성했다는 말입니다.)
- 立入禁止はここに入るなということです。

  (출입금지는 여기에 들어가지 말라는 것입니다.)

2. ～気が する : ～같은 생각이 들다, 느낌이 들다

- これを毎日食べると、太る気がします。

  (이것을 매일 먹으면 살찔 것 같은 느낌이 듭니다.)
- 未来は電気自動車が主流となるような気がしました。

  (미래에는 전기자동차가 주류가 될 것 같은 생각이 들었습니다.)

3. ～として : ～로서

- 앞에 접속된 명사류의 자격이나 입장 등을 나타낸다.
- 未来型自動車として (미래형자동차로서)
- 学生として当然のことをしました。(학생으로서 당연한 일을 했습니다.)

3.3 일렉트로닉스 산업（エレクトロニクス産業）

3.3.1 반도체 (半導体, はんどうたい)

イ　：世界の半導体の市場は最近どうですか？

田中：着実に拡大しています。

市場の規模は、2015年度には3,330億ドルを超えました。

イ　：やはり半導体の業界は大型の設備投資を続けられるかどうかがカギですね。

田中：その通りです。

イ　：やはり企業のスケールが勝負ですね。

어 휘

• 世界(せかい)	세계	• 業界(ぎょうかい)	업계
• 市場(しじょう)	시장	• 大型(おおがた)	대형
• 着実(ちゃくじつ)に	꾸준히	• 設備(せつび)	설비
• 拡大(かくだい)	확대	• 投資(とうし)	투자
• 規模(きぼ)	규모	• 続(つづ)ける	계속하다
• 年度(ねんど)	연도	• ～かどうか	~인지 어떨지
• 億(おく)	억	• カギ	열쇠
• ドル	달러	• 企業(きぎょう)	기업
• 超(こ)える	넘다, 초과하다	• スケール	스케일
• やはり	역시	• 勝負(しょうぶ)	승부

문법 포인트

1. ~られる : ~을 할 수 있다

- 동사의 가능형 표현으로 「~을 할 수 있다」는 의미를 나타낸다.

  話す (말하다) → 話せる (말할 수 있다)

  続ける (계속하다) → 続けられる (계속할 수 있다)

- 今年こそ続けられる人になる。

  (올해야말로 계속할 수 있는 사람이 될 것이다.)

2. ~か どうか : ~인지 어떨지, ~인지 아닌지

- この製品が売れるかどうか~ (이 제품이 팔릴지 어떨지~)
- 半導体の業界は、大型の設備投資を続けられるかどうかがカギですね。

  (반도체 업계는 대형 설비투자를 계속할 수 있을지 여부가 관건이군요.)

3.3.2 슬림형 TV（薄型テレビ, うすがたテレビ）

木村：うちのテレビ、新しく買い換えたんだけど、見に来ませんか。

イ　：えっ、いいですね。大型画面で迫力のあるやつでしょう。

木村：薄型の85インチだけど、最近のは画面も本当に鮮やかですよ。

イ　：メーカーは、どちらのですか。

木村：サムスンですよ。やっぱりデザインはサムスンが一番じゃないですか。

イ　：でも、薄型テレビはやっぱり液晶が勝負です。

液晶だったら、ソニーやフィリップス、LGも捨てがたいですよ。

木村：現在、世界市場ではサムスンがシェア1位で、

28％ぐらい占めているそうですよ。

어 휘

• 買(か)い換(か)える	바꾸다, 교체하다	• 鮮(あざ)やかだ	선명하다
• 大型(おおがた)	대형	• メーカー	메이커, 제조사
• 画面(がめん)	화면	• 液晶(えきしょう)	액정
• 迫力(はくりょく)	박력	• 勝負(しょうぶ)	승부
• やつ	것	• 現在(げんざい)	현재
• 薄型(うすがた)	슬림형	• 捨(す)てる	버리다
• 最近(さいきん)	최근	• 占(し)める	차지하다

문법 포인트

1. ～に 来る・行く : ～하러 가다, 오다

- 「に」는 뒤에는 이동을 나타내는 동사 来る(오다)・行く(가다) 등을 수반하여 「～하러」라는 목적을 나타낸다.
- 또한, 「に」앞에는 동작성 명사나 ます형이 온다.
- 友達が観光に来ました。(친구가 관광하러 왔습니다.)
- 부정형「～ません」에 「か」를 붙여 권유표현을 만들 수 있다.
- うちのテレビ、新しく買い換えたんだけど、見に来ませんか。
  (우리 텔레비전, 새로 샀는데 보러 오지 않을래요?)

2. ～がたい : ～하기 어렵다, 힘들다, 곤란하다

- 동사의 ます형에 접속하여 「～하려 해도 할 수 없는 상황임」을 나타낸다.
- 信じる (믿다) → 信じがたい (믿기 어렵다)
- この1年で賣り上げを倍増したとは、信じがたいことです。
  (이 1년으로 매상을 배가시켰다는 것은 믿기 어려운 입니다.)
- 液晶だったら、ソニーやフィリップス、LGも捨てがたいですよ。
  (액정이라면 소니나 필립스, LG도 만만치 않아요.)

3. ～くらい (ぐらい) : ～정도, ～쯤

- 「こ・そ・あ・ど」에 접속할 때는 「くらい」이고,
  그 외에는 「ぐらい」가 일반적이다.
- 世界市場ではサムスンがシェア1位で、28%ぐらい占めているそうです。
  (세계시장에서는 삼성이 점유율 1위로, 28% 정도 차지하고 있다고 합니다.)

3.4 IT 산업 (IT産業)

3.4.1 슈퍼컴퓨터 (スパコン)

木村 ： 今、世界で一番性能の高いコンピュータは、
どこのコンピュータか知っていますか。

イ ： さあ、どこのコンピュータですか。

木村 ： 日本の富士通と理化学研究所が共同開発した「富岳」だそうです。

イ ： そうですか。日本製ですね。どのぐらいの性能ですか。

木村 ： 一秒に約416ペタ回の計算ができるそうです。
1ペタが1,000兆ですから、どれほど多い数なのか想像できませんね。

イ ： すごいですね。人間の頭脳より、優れているような気がします。

木村 ： これまで1位だったIBMの「サミット」の2.8倍の計算能力があるそうです。

어 휘

• 性能(せいのう)	성능	• 計算(けいさん)	계산
• 知(し)る	알다	• −兆(ちょう)	-조
• 研究所(けんきゅうじょ)	연구소	• 数(かず)	수
• 共同(きょうどう)	공동	• 想像(そうぞう)	상상
• 開発(かいはつ)	개발	• 人間(にんげん)	인간
• 日本製(にほんせい)	일본제품, 일제	• 頭脳(ずのう)	두뇌
• 一秒(いちびょう)	일초	• 優(すぐ)れる	우수하다
• 約(やく)	약	• −倍(ばい)	-배
• −回(かい)	-회	• 能力(のうりょく)	능력

문법 포인트

1. ～そうだ : ～라고 한다 (전문, 전언) (p.81 참조)

- 富士通と理化学研究所が共同開発した「富岳」だそうです。

  (후지쯔와 이화학연구소가 공동 개발한 「후가쿠」라고 합니다.)

- IBMの「サミット」の2.8倍の計算能力があるそうです。

  (IBM 제품인 「서밋」의 2.8배의 계산능력이 있다고 해요.)

2. ～ようだ : ～인 듯하다, 인 것 같다 (p.73 참조)

- 명사 + の, 형용사・동사의 연체형에 「ようだ・ように・ような」를 접속하여 양태, 비유를 나타내는 표현을 만들 수 있다.
- 양태의 「ようだ」는 비교 상황, 예시, 추량, 판단 등을 나타낸다.
- 人間の頭脳より、ずっと優れているような気がします。

  (인간의 두뇌보다 훨씬 뛰어난 것 같은 느낌이 들어요.)

- 비유의 「ようだ」는 모양이나 상태를 무언가에 비유해서 표현한다.
- 雪のように白い肌 (눈처럼 하얀 피부)

3.4.2 포탈（ポータル）

木村　：韓国で最も利用者の多いポータルサイトはどこですか。

キ ム：1 位がネイバー、2 位がダウムです。日本はどうですか。

木村　：日本では、ポータルも検索もヤフーが圧倒的に 1 位です。

利用者の80～90%はヤフーのサービスを利用しているそうですよ。

キ ム：そうですか。やっぱり総合ポータルサイトの強みがありますね。

でも、世界のトップは、何といってもグーグルでしょう。

木村　：ええ、日本でもヤフーに続いて第 2 位です。グーグルはポータルより

検索エンジン供給や検索連動型広告ビジネスに力を入れているようです。

キ ム：検索連動型広告って何ですか。

木村　：検索に連動して表示される仕組みの広告のことです。

キーワードが検索されるたびに広告が表示されるので、効果が高いんです。

어 휘

- 最(もっと)も　가장
- 利用者(りようしゃ)　이용자
- 検索(けんさく)　검색
- 圧倒的(あっとうてき)　압도적
- 総合(そうごう)　종합
- 強(つよ)み　강점
- 続(つづ)いて　이어서
- 供給(きょうきゅう)　공급
- 連動型(れんどうがた)　연동형
- 広告(こうこく)　광고
- ビジネス　비즈니스
- 力(ちから)を入(い)れる　주력하다
- 表示(ひょうじ)　표시
- 仕組(しく)み　구조
- ～たびに　~때마다
- 効果(こうか)　효과

문법 포인트

1. 何と いって : ~뭐라고 해도, 뭐니 뭐니 해도

- 여러 가지 중에서 가장 좋은 것을 의미한다.
- 何といってもこれが一番いいです。

  (뭐니 뭐니 해도 이것이 제일 좋습니다.)
- 世界のトップは、何といってもグーグルでしょう。

  (세계 제일은 뭐니 뭐니 해도 구글이죠?)

2. ~たびに : ~때 마다

- 명사 + の, 동사의 기본형에 「たびに」를 접속하여
  「~할 때 언제나 매번 ~하다」라는 뜻을 나타낸다.
- 引越しのたびに荷物が増えます。(이사 때마다 짐이 늘어납니다.)
- キーワードが検索されるたびに広告が表示されるので、効果が高いんです。

  (키워드가 검색될 때 마다 광고가 표시되기 때문에 효과가 높은 거죠.)

3.4.3 인터넷 쇼핑 (インターネット ショッピング)

キ ム ： 日本の浴衣買いたいけど、韓国で売っているところ知っていますか。

木村 ： インターネット・ショッピングで買えますよ。

キ ム ： 本当ですか。

木村 ： 浴衣だけじゃなくて、日本にしかないものもインターネットでさがせば、
だいたい見つかりますよ。

キ ム ： どこに入ればいいんですか。

木村 ： 何といっても日本のECサイトのトップは樂天です。
全国からいろんなショップが出店しているし、
値段も安いものがたくさんありますよ。

キ ム ： 海外から注文できますか。

木村 ： もちろんできますよ。ただ、郵送料がかかるから、ちょっと不便だけど。

어 휘

• 浴衣(ゆかた)	유카타	• いろんな	여러
• 買(か)う	사다	• 出店(しゅってん)	출점
• 売(う)る	팔다	• 値段(ねだん)	가격
• さがす	찾다	• 海外(かいがい)	해외
• だいたい	대체로	• 注文(ちゅうもん)	주문
• 見(み)つかる	찾게 되다	• ただ	단지
• 入(はい)る	들어가다	• 郵送料(ゆうそうりょう)	우송료
• ECサイト	전자 상거래 사이트	• かかる	(비용이) 들다
• 全国(ぜんこく)	전국	• 不便(ふべん)だ	불편하다

문법 포인트

1. ～だけ じゃ なく : ～만이 아니라, ～할 뿐만 아니라

- 명사, い형용사・동사의 보통형, な형용사 어간 +「な」에 접속하여「～에 한정할 수 없고 그 이외에도」라는 의미를 나타낸다.
- 浴衣(ゆかた)だけじゃなくて～ (유카타만이 아니라～)
- 海(うみ)が好(す)きなので、遊(あそ)びに行(い)くだけでなく、釣(つ)りもします。
  (바다를 좋아해서 놀러 갈 뿐만 아니라 낚시도 합니다.)
- 彼(かれ)は親切(しんせつ)なだけでなく、リーダーシップもあります。
  (그는 친절할 뿐만 아니라 리더십도 있습니다.)

2. ～しか ない・～しか ～ない : ～밖에 없다, ～밖에～하지 않는다.

- 「～しか ～ない」는 「그 외에 아무것도 없다」는 의미로,「～だけ」와 같은 한정용법을 나타낸다.
- 日本(にほん)にしかないもの (일본에 밖에 없는 것)
- 「～だけ」가 감정 없이 사실 그 자체만을 의미하는 반면,「～しか～ない」는 상황에 따라 부족・불만・유감 등의 감정을 나타내기도 한다.
- 雑誌(ざっし)でしか見(み)たことがないです。(잡지에서 밖에 본 적이 없습니다.)

3.5 콘텐츠 산업（コンテンツ産業）

3.5.1 게임（ゲーム）

イ　：任天堂が時価総額でパナソニックやソニーを抜いたって本当ですか。

木村：本当ですよ。

イ　：もとは、花札会社だった任天堂が日本を代表する家電メーカーを上回るなんて、すごいことですね。ゲームって、とてつもない分野ですね。

木村：そうですね。人を狂わせるほどの面白さもあるし、任天堂は3DSのソフトに頭脳トレーニング、英語、料理などの実用的な分野で中高年層まで取り込んだのが秘訣と言われていますよ。

イ　：遊びという領域を超えて、生活必需品になってきているということですね。

어 휘

• 時価総額(じかそうがく)	시가총액	• 頭脳(ずのう)	두뇌
• 抜(ぬ)く	빼다, 뽑아내다	• 料理(りょうり)	요리
• もとは	원래는	• 実用的(じつようてき)	실용적
• 花札(はなふだ)	화투	• 中高年層(ちゅうこうねんそう)	중장년층
• 代表(だいひょう)する	대표하다		
• 家電(かでん)	가전	• 取(と)り込(こ)む	제 것으로 하다
• 上回(うわまわ)る	상회하다	• 秘訣(ひけつ)	비결
• ~なんて	~라니, ~하다니	• 遊(あそ)び	놀이
• とてつもない	엄청나다	• 領域(りょういき)	영역
• 分野(ぶんや)	분야	• 超(こ)える	넘다, 초월하다
• 狂(くる)わせる	미치게 하다	• 生活(せいかつ)	생활
• 面白(おもしろ)さ	재미	• 必需品(ひつじゅひん)	필수품

문법 포인트

1. ～と 言われて いる : ～라고 한다, 알려져 있다

- 이 문형은 인용구와 결합되어 신문이나 TV 보도에 많이 쓰는 표현으로, 명사, 형용사・동사의 보통형에 접속된다.
- 実用的な分野で中高年層まで取り込んだのが秘訣と言われています。

  (실용적인 분야에서 중장년층까지 자기네 것으로 만든 것이 비결이라고 합니다.)
- 彼は入院していると言われています。

  (그는 입원하고 있는 것으로 알려져 있습니다.)

2. ～と いう ことだ : ～라는 말이다 (설명), ～라고 한다 (전언) (p.87 참조)

- 生活必需品になってきているということですね。 〈설명〉

  (생필품이 되어 오고 있다는 말이네요.)
- 그밖에도 어떤 사실을 객관적으로 인용해서 그대로 전하는 표현으로, 신문이나 TV, 라디오 등의 보도에서 널리 사용되기도 한다.
- 天気予報によると、明日は雨が降るということです。 〈전언〉

  (일기예보에 의하면 내일은 비가 올 거라고 합니다.)

3.5.2 오타쿠（オタク）

木村：東京の秋葉原に行ったことがありますか。

イ　：ありますよ。「オタクの天国」と言われるだけあって、アニメのキャラクターグッズがたくさん並べてありましたよ。30万円以上するガンダムのロボットもあったけど、あんな高いロボットを子供に買ってあげる親がいるかな。

木村：ああ、それは子供に買ってあげるんじゃなくて、大人が買うんですよ。

イ　：えっ、どういうことですか。

木村：アニメ好きだった20代～30代のサラリーマンが、経済的に余裕ができると、一番幸せだった小学校時代がなつかしくなり、昔好きだったキャラクターグッズをコレクションしたくなるそうですよ。

イ　：はあ、そうなんですか。

어 휘

• オタク	오타쿠	• 大人(おとな)	어른
• 天国(てんごく)	천국	• 経済(けいざい)	경제
• キャラクタグッズ	캐릭터 상품	• 余裕(よゆう)	여유
• 並(なら)べる	진열하다	• 幸(しあわ)せ	행복
• 以上(いじょう)	이상	• 小学校時代(しょうがっこうじだい)	초등학교 시절
• あんな	저런	• なつかしい	그립다
• 親(おや)	부모	• 昔(むかし)	옛날

문법 포인트

1. ~ことが ある : ~하는 경우가 있다, ~한 적이 있다,

- 동사 보통체에 「ことが ある」가 접속되어 「항상은 아니지만 가끔 ~하는 경우가 있다」는 의미를 나타낸다.
- プロでもミスをすることがあります。 (프로도 실수를 하는 경우가 있습니다.)
- 단, 동사의 た형과 접속할 경우는 과거의 경험을 나타낸다.
- 日本に行ったことがあります。 (일본에 간 적이 있습니다.)
- 東京の秋葉原に行ったことがありますか。
  (도쿄 아키하바라에 가본 적 있어요?)

2. ~だけ あって : ~인 만큼, ~한 만큼

- 명사, い형용사 기본형, な형용사 어간 + な, 동사 보통체에 접속된다.
- 「オタクの天国」と言われるだけあって~ (「오타쿠 천국」이라고 할 만큼~)
- 日本語が好きなだけあって、日本語の点数が高いです。
  (일본어를 좋아하는 만큼 일본어 점수가 높습니다.)
- アメリカに住んでいただけあって、英語が上手です。
  (미국에 살았던 만큼 영어를 잘합니다.)

chapter 4 기계공학의 주요 역학

4.1 기계공학의 정의 (機械工学の定義)

機械工学の定義（きかいこうがくのていぎ, Definition of Mechanical Engineering）

- 機械工学(mechanical engineering)は、機械の機能を研究する学問です。
- 機械の性能向上のためには、どのようにしなければならないかを考えたり、従来の機械とは別の原理、構想を基礎にした高度の性能をもつ機械の設計、製作を可能にする学問です。

[그림 Ⅳ-1] 기계공학의 상징인 기어

어 휘

• 機能(きのう)	기능	• 研究(けんきゅう)	연구
• 学問(がくもん)	학문	• 性能(せいのう)	성능
• ~のためには	~을 위해서는	• 向上(こうじょう)	향상
• どのように	어떻게	• ~しなければならない	~해야 한다
• 考(かんが)える	생각하다	• 従来(じゅうらい)	종래, 기존
• 別(べつ)の原理(げんり)	다른 원리	• 構想(こうそう)	구상
• 基礎(きそ)	기초	• 高度(こうど)	고도
• もつ	지니다, 가지다	• 設計(せっけい)	설계
• 製作(せいさく)	제작	• 可能(かのう)	가능

기계공학의 정의

- 기계공학은 기계의 기능을 연구하는 학문입니다.
- 기계의 성능 향상을 위해서는 어떻게 해야 하는지를 연구하거나 기존의 기계와는 다른 원리, 구상을 기초로 한 고도의 성능을 지닌 기계의 설계, 제작을 가능하게 하는 학문입니다.

4.2 재료역학 (材料力学)

材料力学（さいりょうりきがく, Mechanics of Materials）

- 材料力学とは、機械や構造物に力が加わったときの変形、そして破壊の原理を研究する学問です。
- 特に、工業材料の機械的性質や構造物などに関する荷重、強さを求めます。
- また、工業材料でつくられる機械やその部品に外力を受けるときの力学的な応力、変形、強さなどを適切に計算して、有効な設計を行います。

用語（呼び方）	状態	例
引張り tension		綱引きのときにロープに掛かるような力
圧縮 compression	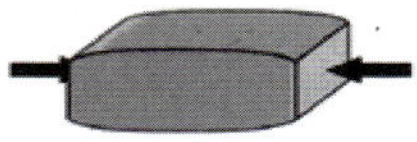	建物の柱に掛かるような力
せん断 shearing	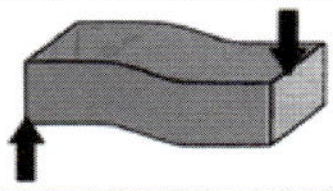	ハサミで紙を切るときのような力
曲げ bending	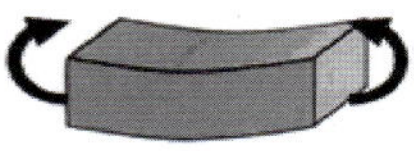	橋の上にトラックが停車したときに掛かるような力
ねじり torsion	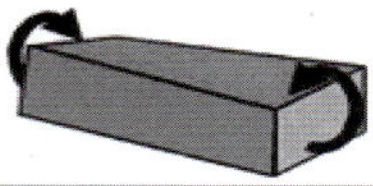	木ねじを締めるときに掛かるような力

[그림 Ⅳ-2] 하중 방향에 따른 재료 변형의 종류

어 휘

• 材料力学(ざいりょうりきがく)	재료역학	• 構造物(こうぞうぶつ)	구조물
• 変形(へんけい)	변형	• 破壊(はかい)	파괴
• 原理(げんり)	원리	• 性質(せいしつ)	성질
• 荷重(かじゅう)	하중	• 強(つよ)さ	강도
• 求(もと)める	구하다.	• 外力(がいりょく)	외력(외부의 힘)
• 受(う)ける	받다	• 応力(おうりょく)	응력
• 適切(てきせつ)	적절	• 有効(ゆうこう)	유효, 효과
• 設計(せっけい)	설계	• 行(おこな)う	실행하다

재료역학

- 재료역학은 기계와 구조물에 힘이 가해졌을 때의 변형, 그리고 파괴의 원리를 연구하는 학문입니다.
- 특히, 공업 재료의 기계적 성질과 구조물 등에 대한 하중, 강도를 구합니다.
- 또, 공업 재료로 만들어진 기계와 그 부품에 외부의 힘을 받을 때의 역학적인 응력, 변형, 강도 등을 적절하게 계산해서 효과적으로 설계를 실행합니다.

4.3 열역학 (熱力学)

熱力学 (ねつりきがく, Thermodynamics)

- 熱力学とは、熱と仕事との交換原理にもとづいて、化学反応に伴うエネルギーの様子や方向などを調べる学問です。
- 熱力学は、温度、圧力、体積、エネルギー、エンタルピー、エントロピーなどを用いて物質の状態を表します。
- 熱力学の三大法則として第一法則(エネルギー保存)、第二法則(エントロピーの増加)、第三法則(絶対零度の不可能性)があります。

[그림 Ⅳ-3] 화력발전소와 자동차 엔진

어 휘

• 熱力学(ねつりきがく)	열역학	• 仕事(しごと)	일
• 交換(こうかん)	교환	• 化学(かがく)	화학
• 反応(はんのう)	반응	• 伴(ともな)う	따르다
• 様子(ようす)	모양, 상태	• 方向(ほうこう)	방향
• 調(しら)べる	조사하다, 살펴보다	• 学問(がくもん)	학문
• 温度(おんど)	온도	• 圧力(あつりょく)	압력
• 体積(たいせき)	부피	• エンタルピー(enthalpy)	엔탈피
• エントロピー(entropy)	엔트로피	• 用(もち)いる	이용하다
• 物質(ぶっしつ)	물질	• 状態(じょうたい)	상태
• 表(あらわ)す	나타내다	• 法則(ほうそく)	법칙

열역학

- 열역학은 열과 일과의 교환 원리를 바탕으로 화학 반응에 따른 에너지 변화의 상태와 방향 등을 조사하는 학문입니다.
- 열역학은 온도, 압력, 부피, 에너지, 엔탈피, 앤트로피 등을 이용하여 물질의 상태를 나타냅니다.
- 열역학의 3대 법칙으로 제1법칙(에너지 보존), 제2법칙(엔트로피의 증가), 제3법칙(절대 0도의 불가능성)이 있습니다.

4.4 유체역학 (流体力学)

流体力学（りゅうたいりきがく, Fluid Mechanics）

- 流体力学とは、空気(気体)や水(液体)のような流体の状態や運動を 研究するものです。
- 最近では航空機の発達とともに、空気力学、航空力学が展開され、高速気流、乱流の研究へと進歩しました。
- 流体力学の基礎方程式には、① ベルヌーイの微分方程式、② 連続方程式、③ 運動量方程式があります。

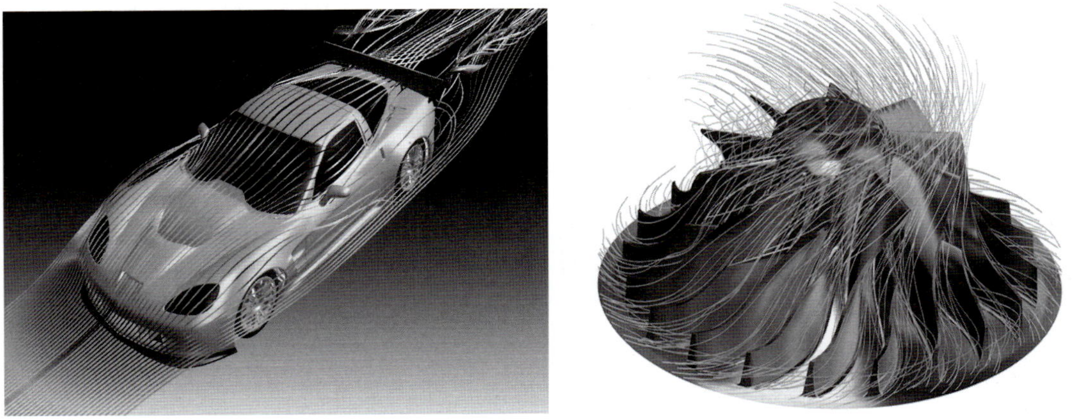

[그림 Ⅳ-4] 자동차 터빈의 유동 해석

어 휘

• 流体力学(りゅうたいりきがく)	유체역학	• 空気(くうき)	공기
• 気体(きたい)	기체	• 水(みず)	물
• 液体(えきたい)	액체	• 状態(じょうたい)	상태
• 運動(うんどう)	운동	• 最近(さいきん)	최근
• 航空機(こうくうき)	항공기	• 発達(はったつ)	발달
• 展開(てんかい)	전개	• 高速(こうそく)	고속
• 気流(きりゅう)	기류	• 乱流(らんりゅう)	난류
• 研究(けんきゅう)	연구	• 進歩(しんぽ)	진보
• 基礎(きそ)	기초	• 方程式(ほうていしき)	방정식
• 微分(びぶん)	미분	• 連続(れんぞく)	연속

• ベルヌーイ(Daniel Bernoulli) 베루누이 (스위스의 수학자, 물리학자)

유체역학

• 유체역학이란 공기(기체)와 물(액체)과 같은 유체의 상태와 운동을 연구하는 것입니다.

• 최근에는 항공기의 발달과 더불어 공기역학, 항공역학이 전개되어 고속기류, 난류 연구로 진보되었습니다.

• 유체역학의 기초 방정식에는 ①베르누이 미분방정식, ②연속방정식, ③운동량방정식이 있습니다.

4.5 기계역학 (機械力学)

機械力学（きかいりきがく, Dynamics of Machinery）

- 機械力学は、機械の各部分に働く力と運動との関係を研究する学問です。
- 材料に働く力の大きさを求め、材料の変形を考慮しながら材質・サイズなどを決めます。
- 機械力学には、剛体が静止しているときに働く力を求める静力学と剛体が運動しているときに働く力を求める動力学があります。

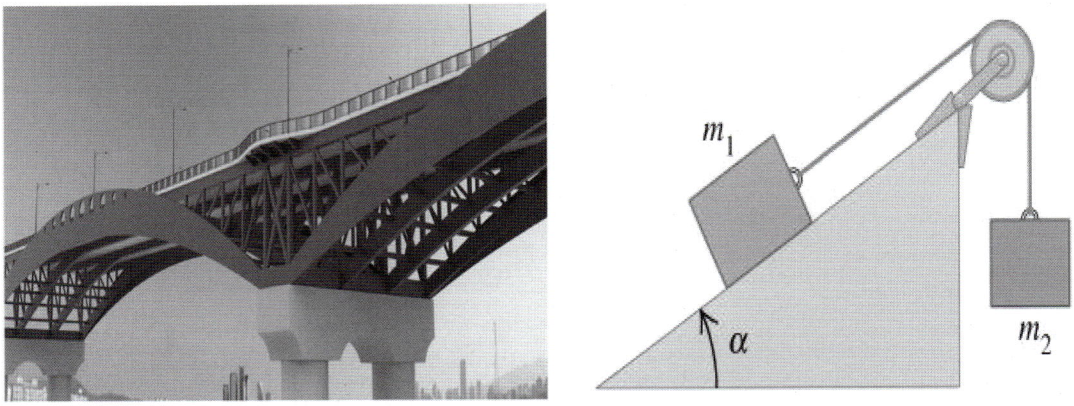

[그림 Ⅳ-5] 교량(정역학)과 도르레(동역학)

어 휘

일본어	한국어	일본어	한국어
• 機械力学(きかいりきがく)	기계역학	• 各部分(かくぶぶん)	각 부분
• 働(はたら)く	작용하다	• 運動(うんどう)	운동
• 関係(かんけい)	관계	• 材料(ざいりょう)	재료
• 大(おお)きさ	크기	• 考慮(こうりょ)	고려
• 材質(ざいしつ)	재질	• 決(き)める	결정하다
• 剛体(ごうたい)	강체	• 静止(せいし)	정지
• 計算(けいさん)	계산	• 静力学(せいりきがく)	정역학
• 求(もと)める	구하다, 얻다	• 動力学(どうりきがく)	동역학

기계역학

- 기계역학은 기계의 각 부분에 작용하는 힘과 운동과의 관계를 연구하는 학문입니다.
- 재료에 작용하는 힘의 크기를 구하고, 재료의 변형을 고려하여 재질, 크기 등을 결정합니다.
- 기계역학에는 강체가 정지하고 있을 때에 작용하는 힘을 구하는 정역학과 강체가 운동하고 있을 때에 작용하는 힘을 구하는 동역학이 있습니다.

4.6 기계설계 (機械設計)

機械設計 (きかいせっけい, Mechanical Design) - (1)

- 機械の設計で、まず考慮しなければならないことに、材料の選定があります。
- 材料の選定が適当ではないと、目的の性能が得られません。
- また、コスト高になるばかりではなく、ときには機械が破壊して、人の命にかかわる事故が生じることもあります。

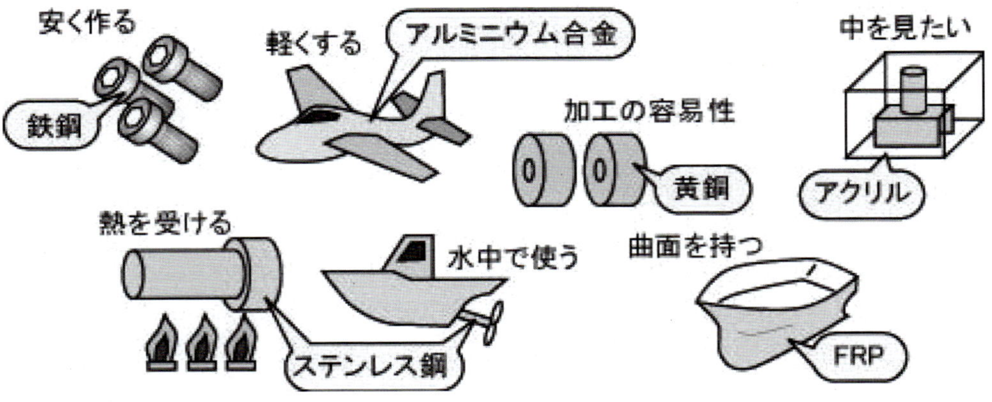

[그림 Ⅳ-6] 재료의 특성을 고려한 기계설계

어 휘

• まず	우선, 먼저	• 考慮(こうりょ)	고려
• 材料(ざいりょう)	재료	• 選定(せんてい)	선정
• 適当(てきとう)	적당	• 目的(もくてき)	목적
• 得(え)られる	얻을 수 있다	• 得(え)る	얻다
• また	또한	• コスト高(だか)	고비용
• なる	되다	• ～ばかりではなく	~뿐만 아니라
• とき	때	• 破壊(はかい)	파괴
• 命(いのち)	생명, 목숨	• かかわる	관계되다
• 事故(じこ)	사고	• 生(しょう)じる	발생하다

기계설계 (1)

- 기계설계에서 우선 고려해야 하는 것에는 재료의 선정이 있습니다.
- 재료선정이 적절하지 않으면 원하는 성능을 얻을 수 없습니다.
- 또한, 비용이 높아질 뿐만 아니라, 때로는 기계가 파괴되어 사람의 생명을 위협하는 사고가 발생하기도 합니다.

機械設計（きかいせっけい, Mechanical Design）－(2)

- 機械設計(きかいせっけい)によって機械部品(きかいぶひん)の材料(ざいりょう)・形状(けいじょう)・大(おお)きさ・公差(こうさ)の選択(せんたく)などが決定(けってい)されます。

- 機械部品(きかいぶひん)を設計者(せっけいしゃ)の考(かんが)え通(どお)りに工作(こうさく)させ、運動(うんどう)させるためには、設計者(せっけいしゃ)は機械部品(きかいぶひん)の形状(けいじょう)・構造(こうぞう)を描(か)かなければなりません。

- また、材料(ざいりょう)・寸法(すんぽう)・公差(こうさ)・表面(ひょうめん)あらさ・加工(かこう)などを図形(ずけい)に書(か)いて、設計者(せっけいしゃ)の意図(いと)を工作者(こうさくしゃ)、使用者(しようしゃ)に明確(めいかく)に伝達(でんたつ)しなければなりません。

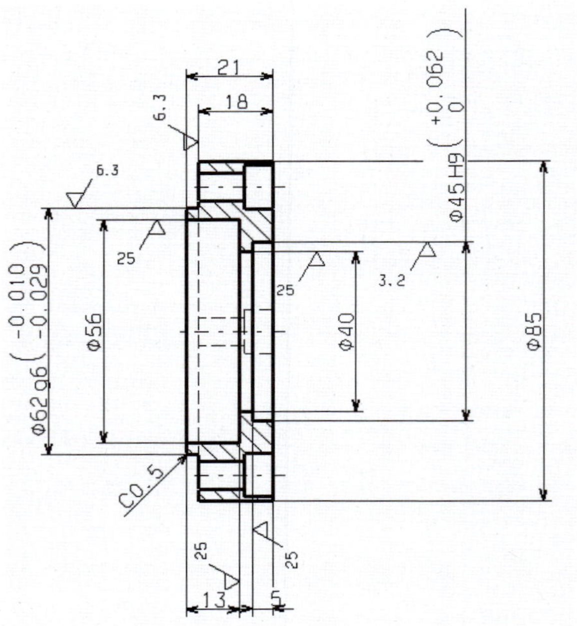

[그림 Ⅳ-7] 기계도면에서의 공차와 표면거칠기

어 휘

• ～によって	~에 의해	• 部品(ぶひん)	부품
• 形状(けいじょう)	형상	• 大(おお)きさ	크기
• 公差(こうさ)	공차	• 選択(せんたく)	선택
• 決定(けってい)	결정	• 設計者(せっけいしゃ)	설계자
• 考(かんが)え通(どお)り	생각한 대로	• 工作(こうさく)	공작
• 運動(うんどう)	운동	• 構造(こうぞう)	구조
• 図形(ずけい)	도형	• 描(か)く	그리다
• 寸法(すんぽう)	치수	• 表面(ひょうめん)あらさ	표면 거칠기
• 加工(かこう)	가공	• 書(か)く	쓰다
• 意図(いと)	의도	• 工作者(こうさくしゃ)	공작자
• 使用者(しようしゃ)	사용자	• 明確(めいかく)に	명확히

기계설계 (2)

• 기계설계에 따라 기계부품의 소재・형상・크기・공차의 선택이 결정됩니다.

• 기계부품을 설계자의 생각한 대로 공작시켜 운동하게 하려면 설계자는 기계 부품의 형상, 구조를 그려야합니다.

• 또한, 재료・치수・공차・표면 거칠기・가공 등을 도형에 써서 설계자의 의도를 공작자, 사용자에게 명확하게 전달해야 합니다.

chapter 5 기계가공과 공작기계

5.1 기계의 정의 (機械の定義)

機械の定義（きかいのていぎ）

■ 機械をわかりやすく定義することはむずかしいですが、普通の表現をかりると「機械(machine)は、いくつかの要素(element)から成り立っていて、あらかじめ定められている運動をするように組み立てられ、一方からエネルギーを与えると、これを伝達して有効な仕事をするものである」といえます。

어 휘

• わかりやすい	알기 쉽다	• 定義(ていぎ)する	정의하다
• こと	것, 일	• むずかしい	어렵다
• 普通(ふつう)	보통	• 表現(ひょうげん)	표현
• かりる	빌리다	• 要素(ようそ)	요소
• 成(な)り立(た)つ	성립하다, 이루어지다	• あらかじめ	사전에, 미리
• 定(さだ)める	정하다	• 運動(うんどう)	운동
• ~をするように	~을 하도록	• 組(く)み立(た)てる	조립하다
• 一方(いっぽう)	한편	• エネルギー	에너지
• 与(あた)える	주다	• 伝達(でんたつ)	전달
• 有効(ゆうこう)だ	유효하다, 효과적이다	• 仕事(しごと)	일, 직업
• いう	말하다	• いえる	말할 수 있다

문법 포인트

1. ~する と : ~하면

- 동사의 기본형에 「と」가 접속된 조건표현이다.
- 普通の表現をかりると (보통의 표현을 빌리자면)
- 一方からエネルギーを与えると (한쪽에서 에너지를 주면)

2. ~て いる : ~하고 있다 (동작의 진행), ~져 있다 (상태) 등

- 동사의 て형 뒤에 「いる」가 보조동사로 쓰인 「~ている」는 동작의 진행 및 동작・작용의 결과 생긴 상태를 나타낸다.
- ご飯を食べている。 (밥을 먹고 있다.) 〈동작의 진행〉
- 定められている。 (정해져 있다.) 〈상태〉
- 定める (정하다) 定められる (정해지다) 定められて (정해져)
- 그 밖에 반복해서 행해지는 습관을 나타내기도 한다.
- 毎年、海外旅行をしている。(매년 해외여행을 하고 있다.) 〈습관〉

3. ~を する ように : ~을 하도록

- 運動をするように (운동을 하도록)

기계의 정의

- 기계를 알기 쉽게 정의하는 것은 어렵습니다만, 보통의 표현을 빌리자면, 「기계(machine)는 몇 가지 요소(element)로 구성되어 있고, 사전에 정해져있는 운동을 하도록 조립되어, 한쪽에서 에너지를 주면 이를 전달해서 효과적으로 일을 하는 것이다」라고 말할 수 있습니다.

5.2 공작기계의 정의 (工作機械の定義)

工作機械の定義 （こうさくきかいのていぎ）

- 鉄・アルミ・プラスチックなどの工業素材を、切削・研削・研磨などの工程を用いて所定の寸法・形状に加工する機械のことを工作機械と呼んでいます。
- 工作機械は、工程別に切削加工、プラスチック加工、放電加工などに分類されます。

어 휘

鉄(てつ)	철	所定(しょてい)	소정
アルミ	알루미늄	寸法(すんぽう)	치수
プラスチック	플라스틱	形状(けいじょう)	형상
など	등	加工(かこう)する	가공하다
工業素材(こうぎょうそざい)	공업소재	機械(きかい)	기계
切削(せっさく)	절삭	工作機械(こうさくきかい)	공작기계
研削(けんさく)	연삭	呼(よ)ぶ	부르다
研磨(けんま)	연마	工程別(こうていべつ)	공정별
工程(こうてい)	공정	放電加工(ほうでんかこう)	방전 가공
用(もち)いる	이용하다	分類(ぶんるい)	분류

문법 포인트

1. する + 명사

- 동사의 연체형은 기본형(사전형)과 같은 형태이다.
- あした何(なに)をする予定(よてい)ですか。 (내일 뭘 할 예정입니까?)
- 所定(しょてい)の寸法(すんぽう)・形状(けいじょう)に加工(かこう)する機械(きかい) (정해진 치수・형상으로 가공하는 기계)

2. ~される : ~어 지다, ~게 되다 (p.37 참조)

- 「~れる・られる・される」의 형태로 동작의 영향을 받는 쪽에 시점을 둔 수동표현이다.

  呼(よ)ぶ (부르다) → 呼(よ)ばれる (불리다)

  する (하다) → される (되다)

- 工程別(こうていべつ)に切削加工(せっさくかこう)、プラスチック加工(かこう)、放電加工(ほうでんかこう)などに分類(ぶんるい)されます。

  (공정별로 절삭 가공, 플라스틱 가공, 방전 가공 등으로 분류됩니다.)

공작기계의 정의

- 철・알루미늄・플라스틱 등의 공업 소재를 절삭・연삭・연마 등의 공정을 이용하여 정해진 치수・형상으로 가공하는 기계를 공작기계라고 합니다.
- 공작기계는 공정별로 절삭 가공, 플라스틱 가공, 방전 가공 등으로 분류됩니다.

5.3 절삭 가공（切削加工）

5.3.1 선반（旋盤, せんばん）

- チャックという回転する台に加工物(ワーク)を取り付け、バイトと呼ばれる工具を当てて工作物を削って作り出す機械を旋盤といいます。
- この削る動作を旋削加工といい、旋盤の主な加工方法でもあります。
- ワークを回転して削ることから、加工物は円筒形のものが適しています。

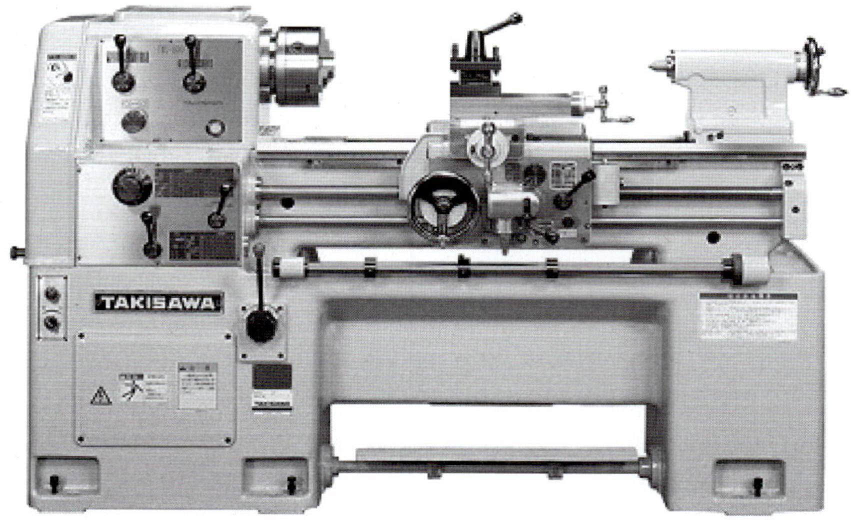

[그림 V-1] 범용 선반 다키사와(Takisawa)

어 휘

• 旋盤(せんばん)	선반	• 当(あ)てる	대다, 접촉하다
• チャック	척	• 工作物(こうさくぶつ)	공작물
• 回転(かいてん)する	회전하다	• 削(けず)る	깎다, 절삭하다
• 台(だい)	받침대	• 作(つく)り出(だ)す	만들어내다
• 加工物(かこうぶつ)	가공물	• 動作(どうさ)	동작
• ワーク	공작물	• 旋削加工(せんさくかこう)	선삭가공
• 取(と)り付(つ)ける	달다, 장착하다	• 主(おも)な	중요한, 주요
• バイト	바이트	• 方法(ほうほう)	방법
• 呼(よ)ばれる	불리다	• 円筒形(えんとうけい)	원통형
• 工具(こうぐ)	공구	• 適(てき)する	적합하다

선반

- 척이라는 회전 받침대에 가공물(공작물)을 장착하고, 바이트라는 절삭공구를 접촉시켜 공작물을 깎아 부품을 가공하는 기계를 선반이라고 합니다.
- 이러한 절삭 가공을 선삭이라고 하며 선반의 주요 가공 방법이기도 합니다.
- 공작물을 회전시켜 절삭하기 때문에 공작물은 원통형이 적합합니다.

5.3.2 밀링（フライス盤，フライスばん）

- 回転する主軸にフライスという刃物を取り付け、バイスなどに固定された素材を削る機械をフライス盤といいます。
- フライスやエンドミルと呼ばれるツールを回転させ、テーブルに固定した工作物を前後左右に動かしながら、金属を切削します。
- 一般的に機械部品や金型など、複雑なカタチの部品加工に使われます。

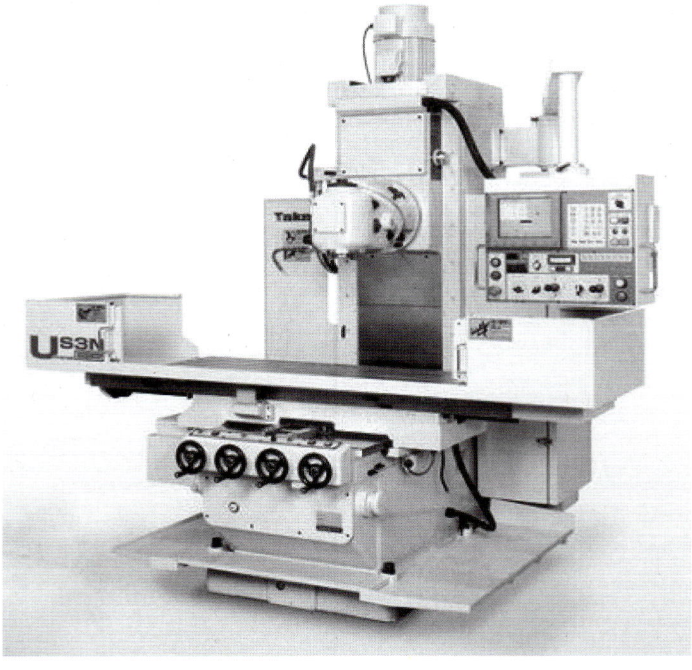

[그림 V-2] 범용 밀링 다케다(Takeda) 기계

어 휘

• 回転(かいてん)	회전	• ツール	공구, 도구
• 主軸(しゅじく)	주축	• 工作物(こうさくぶつ)	공작물
• フライス	밀링커터	• 前後左右(ぜんごさゆう)	전후좌우
• 刃物(はもの)	칼, 절삭공구	• 動(うご)かす	움직이다
• 取(と)り付(つ)ける	달다, 장착하다	• 金属(きんぞく)	금속
• バイス	바이스	• 切削(せっさく)	절삭
• 固定(こてい)	고정	• 一般的(いっぱんてき)に	일반적으로
• 素材(そざい)	소재	• 機械部品(きかいぶひん)	기계 부품
• 削(けず)る	깎다, 절삭하다	• 金型(かながた)	금형
• フライス盤(ばん)	밀링	• 複雑(ふくざつ)	복잡
• エンドミル	엔드밀	• かたち	형태
• 呼(よ)ばれる	불리다	• 使(つか)う	사용하다

밀링

- 회전하는 주축에 밀링커터라는 절삭공구를 장착하고, 바이스에 고정된 소재를 절삭하는 기계를 밀링이라고 합니다.
- 밀링커터 및 엔드밀이라고 하는 공구를 회전시켜 테이블에 고정된 공작물을 전후좌우로 움직이면서 금속을 절삭합니다.
- 일반적으로 기계 부품이나 금형 등 복잡한 형태의 부품 가공에 사용됩니다.

5.3.3 머시닝센터（マシニングセンタ）

- 複数の刃物を自動で交換できる装置を持ち、NCのプログラミング制御に従って穴開けや平面削りなどを1台でこなせる機械をマシニングセンタといいます。
- CNCとは、Computer Numerical Controlの略となりますが、一般的には工作機械の動作をコンピュータによりデジタル制御する意味として使われています。
- また、Computerを省略してNC工作機という場合もあります。

[그림 V-3] 머시닝센터 마키노코리아(MAKINO KOREA)

어 휘

• 複数(ふくすう)	복수, 여러	• ー台(だい)	-대
• 刃物(はもの)	칼, 절삭공구	• こなせる	할 수 있다
• 自動(じどう)	자동	• 略(りゃく)	약자
• 交換(こうかん)	교환	• 動作(どうさ)	동작
• 装置(そうち)	장치	• ～に より	~에 의해
• 持(も)つ	지니다. 가지다	• 意味(いみ)	의미
• 制御(せいぎょ)	제어	• 使(つか)う	사용하다
• 従(したが)う	따르다	• 省略(しょうりゃく)	생략
• 穴開(あなあ)け	구멍 뚫기	• NC工作機(こうさくき)	NC 공작기계
• 平面削(へいめんけずり)り	평면 절삭	• 場合(ばあい)	경우

머시닝센터

- 여러 개의 절삭공구를 자동으로 교환할 수 있는 장치를 갖추고 있으며, NC 프로그래밍 제어에 따라 구멍 뚫기나 평면 절삭 등의 작업이 1대로 가능하게 만든 기계를 머시닝센터라고 합니다.
- CNC는 Computer Numerical Control의 약자입니다만, 일반적으로 공작기계의 동작을 컴퓨터에 의해 디지털 제어하는 의미로 사용되고 있습니다.
- 또한, Computer를 생략하고 NC 공작기계라고 하는 경우도 있습니다.

〈マシニングセンタの使い方〉

① CADで製品のモデルを作成

- 加工を行いたい製品のモデルをCADソフトで作成します。

② CAMでツールパスを作成

- ①で作成した製品モデルと材料を登録し、機械で加工するためのツールパスをCAMで作成します。この際に、工具の情報、切削方法、切削速度、工具の進入方法などを定義します。

③ ツールパスをNCデータへ変換

- 使用する工作機械に合わせて、CAMで作成したツールパスをポストプロセッサでNCデータへ変換します。

④ 加工を行う

- CAMで設定した工作機械の工具番号の位置に工具を取り付け、工具の位置や製品の寸法を固定するための治具や、製品の材料をセットして機械加工を行います。

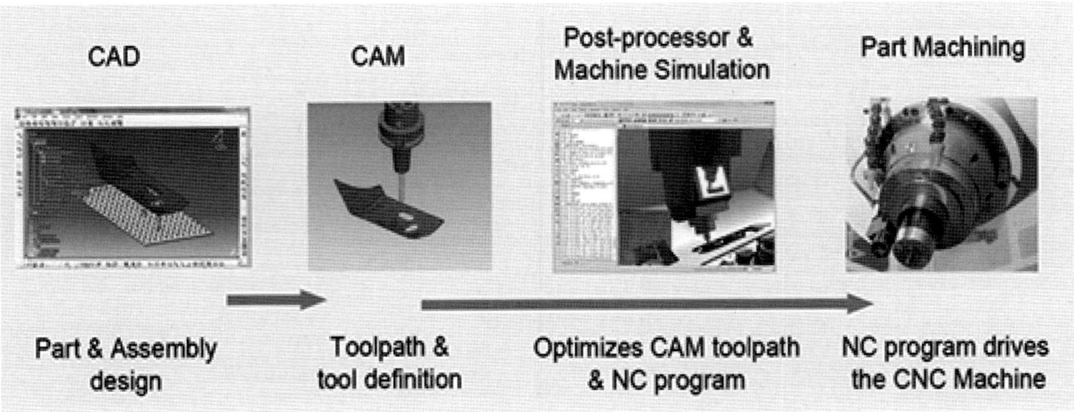

어 휘

• 製品(せいひん) 제품	• 進入(しんにゅう) 진입
• 作成(さくせい) 작성	• 定義(ていぎ) 정의
• 加工(かこう) 가공	• 変換(へんかん) 변환
• 行(おこな)う 행하다, 실행하다	• 使用(しよう) 사용
• 材料(ざいりょう) 재료	• 合(あ)わせる 맞추다
• 登録(とうろく) 등록	• 設定(せってい) 설정
• この際(さい) 이 때	• 番号(ばんごう) 번호
• 工具(こうぐ) 공구	• 位置(いち) 위치
• 情報(じょうほう) 정보	• 取(と)り付(つ)ける 달다, 장착하다
• 切削(せっさく) 절삭	• 寸法(すんぽう) 치수
• 方法(ほうほう) 방법	• 固定(こてい) 고정
• 速度(そくど) 속도	• 治具(じぐ) 지그

〈머시닝센터의 사용법〉

① CAD로 제품의 모델링 작성

– 가공을 실시하고 제품의 모델을 CAD 소프트웨어로 만듭니다.

② CAM에서 공구 경로 작성

– ①에서 만든 제품 모델과 자료를 등록하고 기계로 가공하는 공구 경로를 CAM으로 만듭니다. 이 때 공구의 정보, 절삭 방법, 절삭 속도, 공구의 진입 방법 등을 정의합니다.

③ 공구 경로를 NC 데이터로 변환

– 사용하는 기계에 따라 CAM에서 만든 도구 경로를 포스트 프로세서에서 NC 데이터로 변환합니다.

④ 가공 실행

– CAM에서 설정한 공작기계의 공구 번호의 위치에 공구를 장착하고, 공구의 위치와 제품의 치수를 고정하기 위한 지그 및 제품의 재료를 설치하고 가공합니다.

〈マシニングセンタのIOT化とAIへの取り組み〉

- 最近では、IOTを用いて生産性を向上させることのできるマシニングセンタも登場しています。
- IOTを用いたサービスとして、お客さんの工作機械をネットワーク上で監視し、異常があった場合に対応するサービスを提供しているメーカーも出てきています。
- こうしたサービスによって、故障を未然に防いだり、故障の時に対応時間を短くできたりなどの効果が見込まれています。
- また、マシニングセンタのデータを収集し、AIで解析して生産性の向上に役立てる取り組みも進んでいます。
- IOT化を行うには、マシニングセンタ自体にIOTの機能が搭載されていなくても、外部機器によりマシニングセンタのセンサー情報を取得し、ネットワーク上で収集することも可能です。

어 휘

• 最近(さいきん)	최근	• 短(みじか)い	짧다
• 用(もち)いる	이용하다	• 効果(こうか)	효과
• 生産性(せいさんせい)	생산성	• 見込(みこ)む	전망하다
• 向上(こうじょう)	향상	• 収集(しゅうしゅう)	수집
• 登場(とうじょう)	등장	• 解析(かいせき)	해석
• お客(きゃく)さん	손님, 고객	• 役立(やくだ)てる	기여하다
• 監視(かんし)	감시	• 取(と)り組(く)み	대처, 노력
• 異常(いじょう)	이상	• 進(すす)む	진행하다
• 対応(たいおう)する	대응하다	• 自体(じたい)	자체
• 提供(ていきょう)	제공	• 機能(きのう)	기능
• 出(で)る	나오다	• 搭載(とうさい)	탑재
• 故障(こしょう)	고장	• 外部機器(がいぶきき)	외부 기기
• 未然(みぜん)に	미연에	• 情報(じょうほう)	정보
• 防(ふせ)ぐ	막다, 방지하다	• 取得(しゅとく)	취득
• 時間(じかん)	시간	• 可能(かのう)	가능

〈머시닝센터의 IOT화와 AI에 대한 대처〉

- 최근에는 IOT를 이용하여 생산성을 향상시킬 수 있는 머시닝센터도 등장하고 있습니다.
- IOT를 이용한 서비스로 고객의 공작기계를 네트워크에서 모니터링하고 이상이 있는 경우에 해당 서비스를 제공하는 업체들도 나오고 있습니다.
- 이러한 서비스를 통해 고장을 미연에 방지하여 고장 시에 대응시간을 단축할 수 있는 등의 효과가 기대되고 있습니다.
- 또한, 머시닝센터의 데이터를 수집하고 AI로 해석하여 생산성 향상에 기여할 수 있는 노력도 진행되고 있습니다.
- IOT화하려면 머시닝센터 자체에 IOT 기능이 탑재되어 있지 않아도 외부 기기에 따라 머시닝센터의 센서 정보를 얻어 네트워크에서 수집하는 것도 가능합니다.

5.3.4 복합가공기（複合加工機，ふくごうかこうき）

- NC旋盤が持つ旋削機能と、マシニングセンタが持つ切削加工の両方の機能を併せ持った工作機械が複合加工機です。
- 旋削と切削を集約することで、NC旋盤とマシニングセンタの複数機械を用意しなくても1台ですべての工程を完結できます。

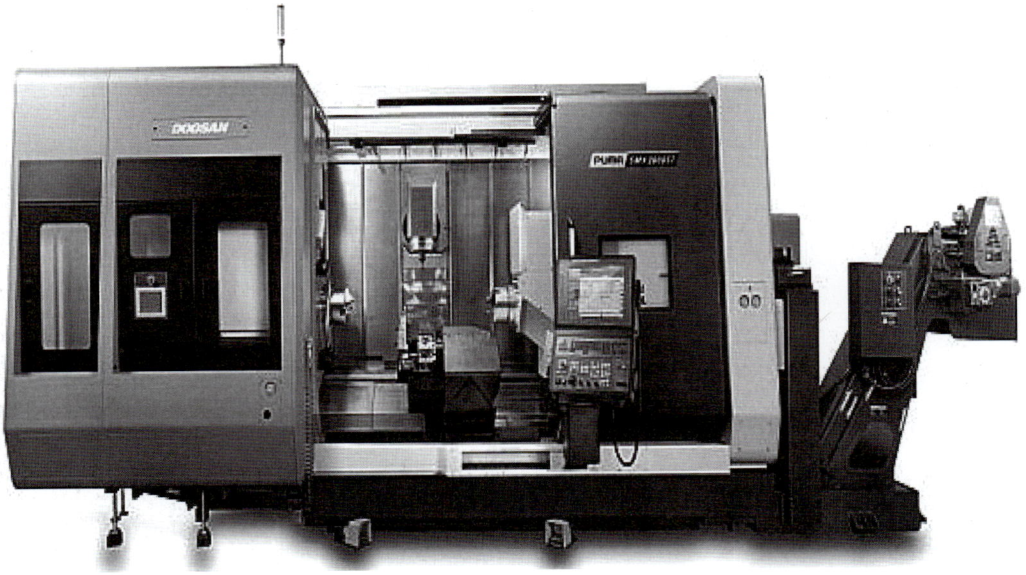

[그림 V-4] 복합가공기 두산공작기계

어 휘

• NC旋盤(せんばん)	NC선반	• 切削(せっさく)	절삭
• 持(も)つ	가지다, 지니다	• 集約(しゅうやく)	집약
• 旋削機能(せんさくきのう)	선삭기능	• 用意(ようい)	준비
• 切削加工(せっさくかこう)	절삭가공	• －台(だい)	-대
• 両方(りょうほう)	모두, 양자	• すべて	모두
• 併(あわ)せ持(も)つ	겸비하다	• 工程(こうてい)	공정
• 複合加工機(ふくごうかこうき)	복합가공기	• 完結(かんけつ)	완결, 완료
• 旋削(せんさく)	선삭	• できる	할 수 있다

복합가공기

- NC선반이 지닌 선삭기능과 머시닝센터가 지닌 절삭가공기능을 모두 겸비한 공작기계가 복합가공기입니다.
- 선삭과 절삭을 집약한 것으로, NC선반과 머시닝센터를 여러 대 준비하지 않아도 하나의 복합가공기에서 모든 공정을 완료할 수 있습니다.

5.3.5 연삭기（研削盤，けんさくばん）

- 高速で回転する砥石に削りたい素材を押し当て、少しずつ削り取っていく機械を研削盤といいます。

- 研削盤には機械研削盤と自由研削盤があります。平面研削盤や円筒研削盤といった研削機械が機械研削盤に分類され、卓上グラインダーやポータブルグラインダーといった機械が自由研削盤に分類されます。

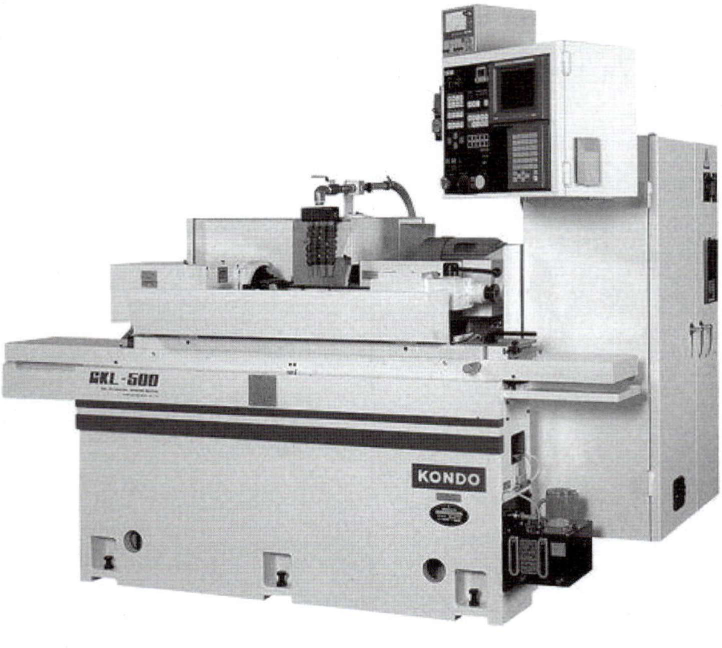

[그림 V–5] 그라인딩머신 콘도(KONDO)

어 휘

• 高速(こうそく) 고속	• 研削盤(けんさくばん) 연삭기
• 回転(かいてん) 회전	• 自由(じゆう) 자유
• 砥石(といし) 숫돌	• 平面(へいめん) 평면
• 削(けず)る 깎다, 절삭하다	• 円筒(えんとう) 원통
• 素材(そざい) 소재	• 分類(ぶんるい) 분류
• 押(お)し当(あ)てる 바짝 대다, 꽉 누르다	• 卓上(たくじょう) 탁상
• 少(すこ)しずつ 조금씩	• ポータブルグラインダー 휴대용 그라인더
• 削(けず)り取(と)る 절삭하다, 삭제하다	

연삭기

- 고속으로 회전하는 숫돌에 연삭하려는 소재를 접촉시켜 조금씩 절삭해나가는 기계를 연삭기라고 합니다.
- 연삭기에는 기계 연삭기와 자유 연삭기가 있습니다. 평면 연삭기나 원통 연삭기 등이 기계 연삭기로 분류되고, 탁상 연삭기 및 휴대용 그라인더와 같은 기계가 자유 연삭기로 분류됩니다.

5.3.6 드릴링 머신 (ボール盤, ボールばん)

- 木材や金属素材に穴を開けたり、穴を掘り広げるための工作機械をボール盤といいます。
- 台状のテーブルに穴あけ加工する素材を固定し、回転する主軸の先端に取り付けたドリルやリーマを回転させ、主軸を素材に近づけて穴あけ加工を行います。

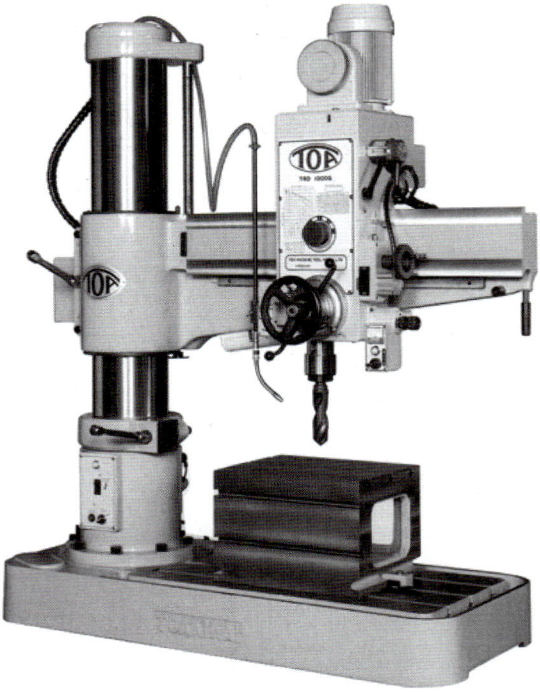

[그림 V-6] 드릴링 머신 도아기계제작소

어 휘

• 木材(もくざい)	목재	• 固定(こてい)	고정
• 金属(きんぞく)	금속	• 回転(かいてん)	회전
• 素材(そざい)	소재	• 主軸(しゅじく)	주축
• 穴(あな)	구멍	• 先端(せんたん)	선단, 뾰족한 끝
• 開(あ)ける	뚫다	• 取(と)り付(つ)ける	달다, 장착하다.
• 堀(ほ)り広(ひろ)げる	파서 넓히다	• リーマ	리머
• 台状(だいじょう)	평평한 모양	• 近(ちか)づける	가까이 하다/대다
• 穴(あな)あけ加工(かこう)	드릴링	• 行(おこな)う	하다, 실시하다

드릴링 머신

- 목재나 금속 소재에 구멍을 뚫거나 구멍을 넓히기 위한 공작기계를 드릴링 머신이라고 합니다.
- 평면 테이블에 구멍을 뚫으려는 소재를 고정시키고 회전하는 주축의 선단에 장착된 드릴과 리머를 회전시켜 주축을 소재에 가까이 하여 구멍을 뚫습니다.

5.4 플라스틱 가공 (プラスチック加工)

5.4.1 사출성형기 (射出成型機, しゃしゅつせいけいき)

- プラスチック素材を熱で溶かし、金型に流し込んで成形する機械を射出成形機といいます。

- プラスチック射出成形機ともいい、素材を溶かし(溶融)、型に流し込み(射出・成形)、固める(冷却)、取り出すといった工程を1台で処理することができる工作機械です。

[그림 V-7] 사출가공기 LS 엠트론

어 휘

• プラスチック	플라스틱	• 型(かた)	형
• 素材(そざい)	소재	• 固(かた)める	굳히다
• 熱(ねつ)	열	• 冷却(れいきゃく)	냉각
• 溶(と)かす	녹이다	• 取(と)り出(だ)す	빼내다
• 金型(かながた)	금형	• 工程(こうてい)	공정
• 流(なが)し込(こ)む	흘려 넣다	• −台(だい)	−대
• 成形(せいけい)	성형	• 処理(しょり)	처리
• 射出(しゃしゅつ)	사출	• できる	할 수 있다
• 溶融(ようゆう)	용융	• 工作機械(こうさくきかい)	공작기계

사출성형기

- 플라스틱 소재를 열로 녹여 금형에 흘려 넣어 성형하는 기계를 사출성형기라고 합니다.
- 플라스틱 사출성형기라고도 하며, 소재를 녹여(용융), 금형에 유입(사출 · 성형), 응고(냉각), 분리시키는 공정을 1대로 처리할 수 있는 공작기계입니다.

5.5 방전 가공（放電加工）

5.5.1 와이어 컷（ワイヤーカット）

- ワイヤーカットとは、放電加工機械の一種で、ワイヤーに電流を流して糸のこぎりのように金属素材を切断する機械です。
- 切削では困難とされる超硬素材(焼入鋼・超硬・ステンレス・真鍮・アルミ・インコネル・ダイス・多結晶ダイヤ）など、硬さに関係なく、導電性のあるものであればどんなものでも高精度で加工することができます。

[그림 V–8] 와이어 컷팅기 EDM 소딕(SODIC)

어 휘

• ワイヤーカット	와이어 컷	• 焼入鋼(やきいりこう)	열처리 강
• 放電加工(ほうでんかこう)	방전 가공	• ステンレス	스테인리스
• 一種(いっしゅ)	일종, 한 종류	• 真鍮(しんちゅう)	황동
• ワイヤー	와이어	• アルミ	알루미늄
• 電流(でんりゅう)	전류	• インコネル	인코넬
• 流(なが)す	흐르게 하다	• ダイス	다이스
• 糸(いと)のこぎり	실톱	• 多結晶(たけっしょう)	다결정
• 金属(きんぞく)	금속	• ダイヤ	다이아몬드
• 素材(そざい)	소재	• 硬(かた)さ	경도
• 切断(せつだん)	절단	• 関係(かんけい)なく	관계없이
• 切削(せっさく)	절삭	• 導電性(どうでんせい)	전도성
• 困難(こんなん)	곤란, 어려움	• どんな	어떤
• 超硬(ちょうこう)	초경	• 高精度(こうせいど)	높은 정밀도

와이어 컷

- 와이어 컷이란 방전 가공 기계의 한 종류로, 와이어에 전류를 흐르게 하여 실톱처럼 금속 소재를 절단하는 기계입니다.
- 절삭에서는 곤란한 초경 소재(열처리 강, 초경, 스테인리스, 황동, 알루미늄, 인코넬, 다이스, 다결정 다이아몬드) 등 경도에 관계없이 전도성이 있는 것이라면 어떤 것이라도 높은 정밀도로 가공할 수 있습니다.

5.5.2 5축가공기 (5軸加工機, ごじくかこうき)

■ 5軸加工機とは、マシニングセンタに回転軸・傾斜軸の 2 軸を追加した機械のことです。

■ 一般的にX・Y・Zの直線 3 軸で構成されているマシニングセンタは、工具を自動で取り替え、多種類の加工を一度に行える工作機械ですが、加工面の変更は人の手で行わなければなりません。

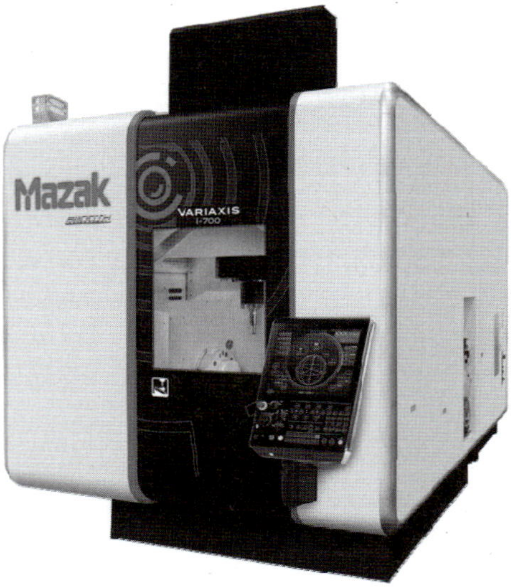

[그림 V−9] 5축가공기 마작(MAZAK)

어 휘

• マシニングセンタ	머시닝센터	• 取(と)り替(か)える	교체하다
• 回転軸(かいてんじく)	회전축	• 多種類(たしゅるい)	여러 종류
• 傾斜軸(けいしゃじく)	경사축	• 加工(かこう)	가공
• −軸(じく)	-축	• 一度(いちど)に	한 번에
• 追加(ついか)	추가	• 行(おこな)う	하다, 실시하다
• 一般的(いっぱんてき)に	일반적으로	• 工作機械(こうさくきかい)	공작기계
• 直線(ちょくせん)	직선	• 加工面(かこうめん)	가공면
• 構成(こうせい)	구성	• 変更(へんこう)	변경
• 工具(こうぐ)	공구	• 人(ひと)	사람
• 自動(じどう)	자동	• 手(て)	손

5축가공기

- 5축가공기란 머시닝센터에 회전축, 경사축의 2축을 추가한 공작기계를 말합니다.
- 일반적으로 X · Y · Z 직선 3축으로 구성되어 있는 머시닝센터는 공구를 자동으로 교체하여 여러 종류의 가공을 한 번에 할 수 있는 기계입니다만, 가공면의 변경은 수동으로 해야 합니다.

chapter 6 컴퓨터를 응용한 기계공학

6.1 CAD（キャド）

キャド（CAD, Computer-Aided Design）

■ CAD(キャド)とは、パソコンで図面(ずめん)を作成(さくせい)するためのソフトウエアです。

コンピュータを用(もち)いて設計(せっけい)をすること、また、コンピュータによる設計支援(せっけいしえん)システム(CADシステム)をいいます。

■ 人(ひと)の手(て)による設計作業(せっけいさぎょう)をコンピュータによって支援(しえん)して、効率(こうりつ)を高(たか)める目的(もくてき)からきたことばです。

■ パソコン、携帯電話(けいたいでんわ)、自動車(じどうしゃ)などさまざまな工業製品(こうぎょうせいひん)は、すべてCADで書(か)かれた図面(ずめん)をもとに製造(せいぞう)されています。

[그림 Ⅵ-1] 2D 및 3D CAD 프로그램

어 휘

• パソコン	컴퓨터, PC	• 図面(ずめん)	도면
• 作成(さくせい)	작성	• ソフトウエア	소프트웨어
• 用(もち)いる	이용하다	• 設計(せっけい)	설계
• よる	의하다, 따르다	• 支援(しえん)	지원
• システム	시스템	• 効率(こうりつ)	효율
• 高(たか)める	높이다	• 目的(もくてき)	목적
• ことば	말, 용어	• さまざまな	다양한
• 工業(こうぎょう)	공업	• 製品(せいひん)	제품
• すべて	모두	• 製造(せいぞう)	제조

CAD (컴퓨터 응용 설계)

- CAD는 PC에서 도면을 작성하기 위한 소프트웨어입니다. 컴퓨터를 이용하여 설계하는 것, 컴퓨터에 의한 응용 설계 시스템(CAD 시스템)을 말합니다.

- 사람의 손에 의한 설계 작업을 컴퓨터가 지원하여 효율을 높이는 목적에서 만들어진 용어입니다.

- PC, 휴대전화, 자동차 등 다양한 공업 제품은 모두 CAD로 작성된 도면을 바탕으로 제조되고 있습니다.

6.2 CAM (キャム)

キャム（CAM, Computer-Aided Manufacturing）

- CAM(キャム)とは、パソコン上でNC工作機械の加工プログラムを作成するソフトウエアです。

- CADで作成された形状に対し、「ツールパス(Tool path)」とよばれる工具の軌跡情報を作成します。

- CAMには、NCデータに変換する「ポストプロセッサ(Post processor)」という工程が必要であって、そのデータはCNC工作機械に送られ、加工が行われます。

NC(numerical control、数値制御), CNC(computerized numerical control)

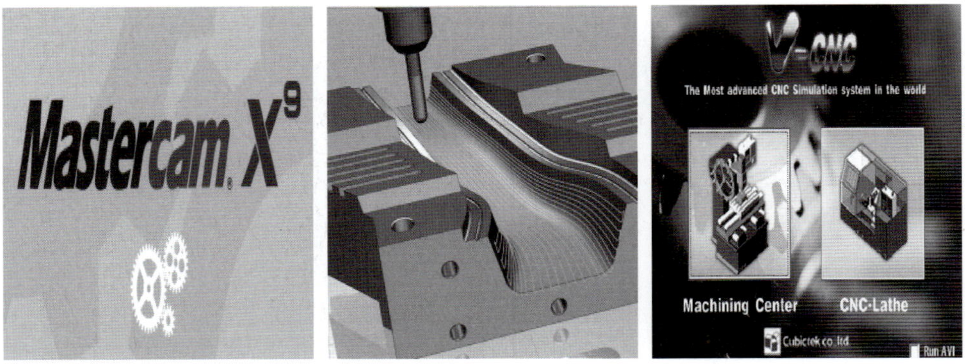

[그림 Ⅵ-2] CAM 프로그램과 가공 시뮬레이션

어 휘

• 工作(こうさく)	공작	• 加工(かこう)	가공
• 作成(さくせい)	작성	• 形状(けいじょう)	형상
• 対(たい)する	대하다	• ツールパス	툴 패스, 공구 경로
• 工具(こうぐ)	공구	• 軌跡(きせき)	궤적
• 情報(じょうほう)	정보	• 変換(へんかん)	변환
• ポストプロセッサ	포스트 프로세서	• 工程(こうてい)	공정
• 必要(ひつよう)	필요	• 送(おく)る	보내다
• 行(おこな)う	실행하다		

CAM (컴퓨터 응용 가공)

- CAM은 컴퓨터상에서 NC공작기계의 가공 프로그램을 작성하는 소프트웨어입니다.
- CAD에서 작성된 형상에 대해 「툴 패스(공구 경로)」라는 공구의 궤적 정보를 작성합니다.
- CAM에는 NC데이터로 변환하는 「포스트 프로세서」라는 공정이 필요하고, 그 데이터는 CNC 공작기계에 보내져 가공이 이루어집니다.

6.3 CAE（シーエーイー）

シーエーイー（CAE, Computer-Aided Engineering）

- CAE(シーエーイー)とは、高品質な製品開発を行うためのコンピュータを活用した設計技術です。

- CAEの作業の流れ

  ① 解析する対象をCADで作成　② 解析条件を決定

  ③ シミュレーション　④ 解析結果の分析

- コンピュータでシミュレーションすることで、試作・実験の工程を短縮できます。

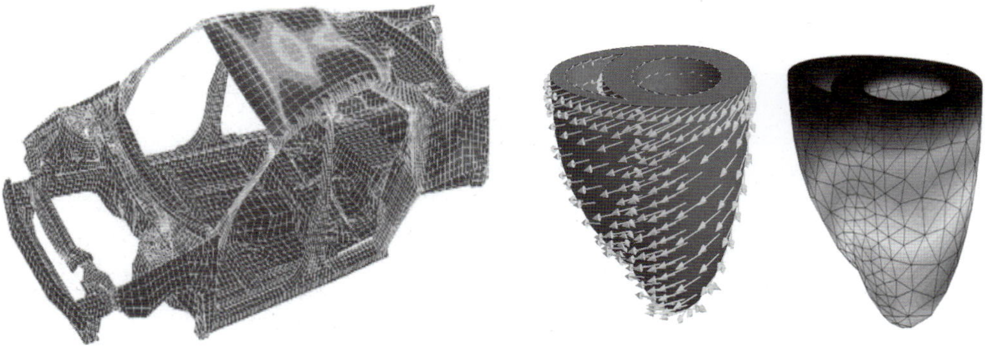

[그림 VI-3] 실무 CAE 구조 해석 응용 사례

어 휘

• 高品質(こうひんしつ)	고품질	• 製品(せいひん)	제품
• 開発(かいはつ)	개발	• 活用(かつよう)	활용
• 技術(ぎじゅつ)	기술	• 作業(さぎょう)	작업
• 流(なが)れ	흐름	• 解析(かいせき)	해석
• 対象(たいしょう)	대상	• 作成(さくせい)	작성
• 条件(じょうけん)	조건	• 決定(けってい)	결정
• シミュレーション	시뮬레이션	• 結果(けっか)	결과
• 分析(ぶんせき)	분석	• 試作(しさく)	시험제작
• 実験(じっけん)	실험	• 工程(こうてい)	공정
• 短縮(たんしゅく)	단축	• できる	할 수 있다

CAE (컴퓨터 응용 해석)

• CAE는 고품질의 제품을 개발하기 위한 컴퓨터 응용 해석 기술을 말합니다.

• CAE 작업의 흐름

① 해석할 대상을 CAD로 작성　　② 해석 조건을 결정

③ 시뮬레이션　　④ 해석 결과를 분석

• 컴퓨터로 시뮬레이션을 함으로써 시험제작·실험 공정을 단축할 수 있습니다.

[그림 Ⅵ-4] CAE 프로그램

chapter 7 4차 산업혁명과 스마트팩토리

7.1 제4차 산업혁명의 정의

第4次産業革命の定義（インダストリーよんてんゼロのていぎ）

- 第４次産業革命とは、人工知能(AI)、モノのインターネット(IoT)、ビッグデータ、モバイルなどが融合された情報技術革新のことです。

- CPS(Cyber Physical System)をもとにした製造業を中心に、自律的·自動的·効率的に品質の管理を進め、省エネルギー化を行い、産業の高度化をめざします。

- 第1次産業革命：蒸気機関(蒸気による工場の機械化)

  第2次産業革命：電気エネルギー(コンベヤーによる大量生産)

  第3次産業革命：コンピュータ·インターネット(ITによる知識情報)

[그림 Ⅶ-1] 제4차 산업혁명의 핵심 기술

어 휘

• 第４次(だいよんじ)	제4차	• 革命(かくめい)	혁명
• 融合(ゆうごう)	융합	• 情報(じょうほう)	정보
• 革新(かくしん)	혁신	• 製造業(せいぞうぎょう)	제조업
• 自律的(じりつてき)	자율적	• 自動的(じどうてき)	자동적
• 効率的(こうりつてき)	효율적	• 品質(ひんしつ)	품질
• 管理(かんり)	관리	• 進(すす)める	추진/진행하다
• 省(しょう)エネルギー	에너지 절약	• 高度化(こうどか)	고도화
• めざす	목표로 하다	• 蒸気機関(じょうききかん)	증기기관
• コンベヤー	컨베이어	• 大量(たいりょう)	대량
• 生産(せいさん)	생산	• 知識(ちしき)	지식

제4차 산업혁명의 정의

- 제4차 산업혁명은 인공지능(AI), 사물인터넷(IoT), 빅데이터, 모바일 등이 융합된 정보기술 혁신을 말합니다.
- CPS를 기반으로 한 제조업을 중심으로 자율적·자동적·효율적인 품질관리를 추진하여 에너지 절감을 통한 산업의 고도화를 목표로 합니다.
- 제1차 산업혁명 : 증기기관 (증기에 의한 공장의 기계화)
  제2차 산업혁명 : 전기에너지 (컨베이어에 의한 대량생산)
  제3차 산업혁명 : 컴퓨터·인터넷 (IT에 의한 지식정보)

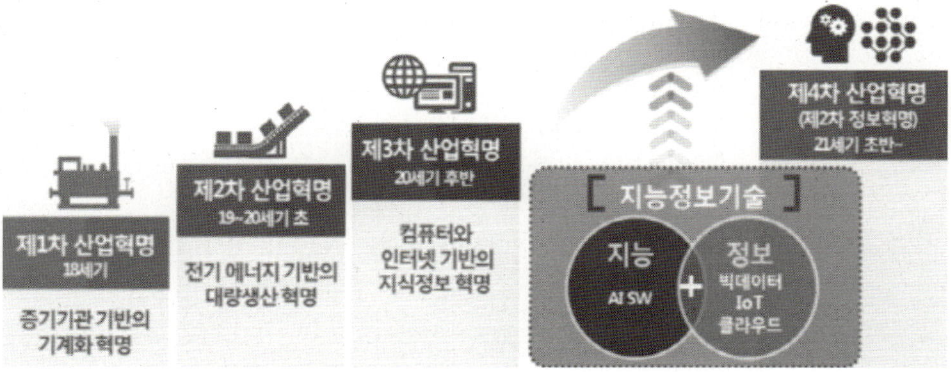

[그림 Ⅶ-2] 산업혁명의 전개 과정

7.2 스마트팩토리의 정의

スマートファクトリーの定義（Smart Factoryのていぎ）

- スマートファクトリーとは、一般的にデジタルデータの活用により、業務プロセスの改革、品質・生産性の向上を継続発展的に実現する工場と定義されます。

- ドイツ政府が提唱した「インダストリー4.0」を具現化した工場で、AIやIoTなどの先端的な技術を取り入れています。

- 工場内のあらゆる機器をインターネットに接続(IoT)し、品質・状態などの情報を「見える化」し、情報間の「因果関係の明確化」を実現します。また、設備同士(M2M)ないし設備と人が協調して動作する(CPS)ことにより実現します。

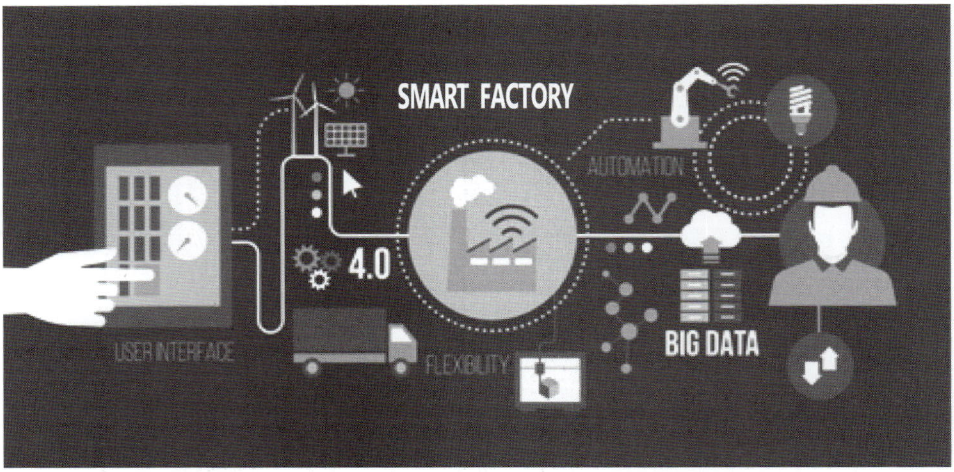

[그림 Ⅶ-3] 인더스트리 4.0이 지향하는 ICT 융합 지능형 공장(스마트팩토리)

어 휘

- 一般的(いっぱんてき) 일반적
- 活用(かつよう) 활용
- 業務(ぎょうむ) 업무
- 改革(かいかく) 개혁
- 品質(ひんしつ) 품질
- 生産性(せいさんせい) 생산성
- 向上(こうじょう) 향상
- 継続(けいぞく) 계속
- 発展的(はってんてき) 발전적
- 実現(じつげん) 실현
- 工場(こうじょう) 공장
- 定議(ていぎ) 정의
- 政府(せいふ) 정부
- 提唱(ていしょう) 제창
- 具現化(ぐげんか) 구현화
- 先端的(せんたんてき) 첨단적
- 技術(ぎじゅつ) 기술
- 取(と)り入(い)れる 도입하다
- あらゆる 모든
- 機器(きき) 기기
- 接続(せつぞく) 접속
- 状態(じょうたい) 상태
- 情報(じょうほう) 정보
- 因果関係(いんがかんけい) 인과관계
- 明確化(めいかくか) 명확화
- 設備(せつび) 설비
- 同士(どうし) 같은 종류
- ないし 또는
- 協調(きょうちょう) 협조
- 動作(どうさ)する 동작하다

스마트팩토리의 정의

- 스마트팩토리는 일반적으로 디지털 데이터의 활용을 통해 업무 프로세스의 개혁, 품질 · 생산성 향상을 계속 발전적으로 실현하는 공장이라고 정의됩니다.
- 독일정부가 제창한 「인더스트리 4.0」을 구현한 공장으로, AI(인공지능)과 IoT(사물인터넷) 등의 첨단기술을 도입하고 있습니다.
- 공장의 모든 기기를 인터넷에 연결(IoT)하여 품질 · 상태 등의 다양한 정보를 「시각화」하고, 정보 간 「인과관계의 명확화」를 실현합니다. 또한, 설비 간(M2M)이나 설비와 사람이 함께 작동함(CPS)으로써 실현됩니다.

7.2 스마트팩토리의 구성요소

スマートファクトリーの構成要素（こうせいようそ）

■ スマートファクトリーを構成する要素は、大きく4つの領域に分けることができます。

① フレキシビリティー・アダプタビリティー

- 3D CADシミュレーション、3D プリンティング
- MES（製造状況把握・指図）
- リアルタイム製造スケジューリング・シミュレーション など

② 効率化・自動化・自律化

- 製造ロボット
- ウエアラブル・センサー
- アナリティクスによる行程管理自動化 など

③ バリューチェーン連動・トレース

- BOM整備
- E-MES
- 次世代センサー・IoT など

④ サイバーフィジカル融合

- ①②③の要素が相互に連携することで、供給網の自律化も可能になります。さらに、機器やデバイスから取得したデータをデジタル解析し、その結果をフィードバックする仕組みとなる「サイバーフィジカル融合」につながります。

어 휘

• 構成要素(こうせいようそ)	구성요소	• トレース	추적
• 領域(りょういき)	영역	• 整備(せいび)	정비
• 分(わ)ける	나누다	• 次世代(じせだい)	차세대
• フレキシビリティー	유연성	• 融合(ゆうごう)	융합
• アダプタビリティー	적응성	• 相互(そうご)に	서로
• 製造状況(せいぞうじょうきょう)	생산상황	• 連携(れんけい)	연계
• 把握(はあく)	파악	• 供給網(きょうきゅうもう)	공급망
• 指図(さしず)	지시	• 可能(かのう)	가능
• 効率化(こうりつか)	효율화	• さらに	더 나아가
• 自動化(じどうか)	자동화	• 機器(きき)	기기
• 自律化(じりつか)	자율화	• デバイス	장치
• ウエアラブル	웨어러블	• 取得(しゅとく)	취득
• アナリティクス	분석	• 解析(かいせき)	해석
• 行程管理(こうていかんり)	행정관리	• 結果(けっか)	결과
• バリューチェーン	가치사슬	• 仕組(しく)み	구조
• 連動(れんどう)	연동	• つながる	이어지다

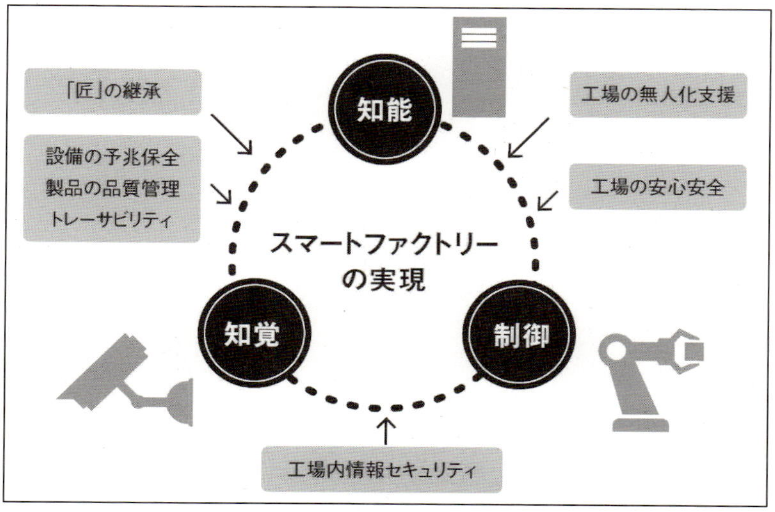

[그림 Ⅶ-4] 스마트팩토리의 개념도

스마트팩토리의 구성요소

- 스마트팩토리를 구성하는 요소는 크게 4가지 영역으로 나눌 수 있습니다.

① 유연성 · 적응성

- 3D CAD 시뮬레이션, 3D 프린팅
- MES (생산 상황 파악 · 지시)
- 실시간 생산 스케줄링 · 시뮬레이션 등

② 효율화 · 자동화 · 자율화

- 제조 로봇
- 웨어러블 · 센서
- 분석을 통한 행정 관리 자동화 등

③ 가치 사슬 연동 · 추적

- BOM 정비
- E-MES
- 차세대 센서 · IoT 등

④ 사이버 피지컬 융합

- ①②③의 요소가 서로 연계함으로써 공급망의 자율화도 가능해 집니다. 또한, 기기나 장치로부터 얻은 데이터를 디지털 해석하고 그 결과를 피드백 하는 구조인 ④의 「사이버 피지컬 융합」으로 이어집니다.

7.4 제조실행시스템 (製造実行システム)

製造実行システム（MES, Manufacturing Execution System）

- MESとは、製造工程の把握・管理、作業者への指示・支援を行う「製造実行システム」を言います。つまり、生産に関わる情報を管理し、蓄積したデータから生産計画をたてることができるシステムです。
- 品質・コスト・納期を継続的に改善するため現場情報を収集し、評価・分析を通じて生産効率の最大化を目指します。
- 対象とする業務範囲も幅広く、生産計画・工程管理・品質管理・原価管理などの製造プロセスに関わる範囲から、受注管理・在庫管理・購買管理など製造の前後のプロセスにまで及びます。

[그림 Ⅶ-5] 제조실행시스템(MES)

어 휘

• 製造工程(せいぞうこうてい)	제조공정	• 現場(げんば)	현장
• 把握(はあく)	파악	• 収集(しゅうしゅう)	수집
• 管理(かんり)	관리	• 評価(ひょうか)	평가
• 作業者(さぎょうしゃ)	작업자	• 分析(ぶんせき)	분석
• 指示(しじ)	지시	• 効率(こうりつ)	효율
• 支援(しえん)	지원	• 最大化(さいだいか)	극대화
• 行(おこな)う	실행하다	• 目指(めざ)す	목표로 하다
• 実行(じっこう)	실행	• 対象(たいしょう)	대상
• 情報(じょうほう)	정보	• 業務範囲(ぎょうむはんい)	업무범위
• 蓄積(ちくせき)	축적	• 幅広(はばひろ)い	폭넓다
• 計画(けいかく)	계획	• 原価(げんか)	원가
• たてる	세우다	• 受注(じゅちゅう)	수주
• 品質(ひんしつ)	품질	• 在庫(ざいこ)	재고
• 納期(のうき)	납기	• 購買(こうばい)	구매
• 継続的(けいぞくてき)	지속적인	• 前後(ぜんご)	전후
• 改善(かいぜん)する	개선하다	• 及(およ)ぶ	이르다

제조실행시스템

- MES는 제조공정의 파악 · 관리, 작업자에게 지시 · 지원을 하는 「제조실행시스템」을 말합니다. 즉, 생산에 관한 정보를 관리하고 축적된 데이터로 생산계획을 세울 수 있는 시스템입니다.
- 품질 · 비용 · 납기를 지속적으로 개선하기 위해 현장정보를 수집하고 평가 · 분석을 통해 생산효율의 극대화를 목표로 합니다.
- 대상으로 하는 업무범위도 폭넓어 생산계획 · 공정관리 · 품질관리 · 원가관리 등의 제조공정에 관한 범위에서 주문관리 · 재고관리 · 구매관리 등 생산 전후의 공정에 이르기까지 다양합니다.

7.5 원격감시제어(遠隔監視制御, スキャダ)

スキャダ (SCADA, Supervisory Control And Data Acquisition)

■ スキャダ(SCADA)とは、簡単に言えば「大きな施設やインフラを構成する装置・設備から得られる情報を、ネットワークを通して一カ所に集めて監視し、必要に応じて制御するシステム」のことです。

■ これを使うことで、施設内に点在するあらゆる機器の状態を一目で確認し、コントロールできるようになります。

■ たとえば、生産施設であれば、SCADAは製造装置の作動状況、部材の数量、不良品数、進捗状況などの情報を扱います。管理者はその情報をパソコンやタブレットなどの端末で確認した上で、必要に応じて装置を止めたり、速度を上げたり、パラメータ変更をしたりできます。

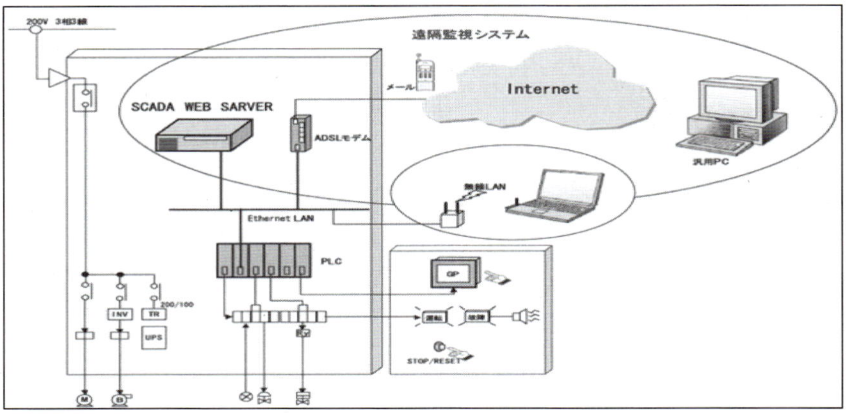

[그림 Ⅶ-6] 원격감시제어시스템(SCADA)

어 휘

• 簡単(かんたん)に	간단히, 쉽게	• 一目(いちもく)で	한눈에
• 施設(しせつ)	시설	• 確認(かくにん)	확인
• 構成(こうせい)	구성	• 製造(せいぞう)	제조
• 装置(そうち)	장치	• 作動(さどう)	작동
• 設備(せつび)	시설	• 部材(ぶざい)	부재
• 得(え)る	얻다	• 数量(すうりょう)	수량
• 情報(じょうほう)	정보	• 不良品数(ふりょうひんすう)	불량품수
• 集(あつ)める	모으다, 수집하다	• 進捗(しんちょく)	진척
• 監視(かんし)	감시	• 扱(あつか)う	처리하다
• 必要(ひつよう)	필요	• 管理者(かんりしゃ)	관리자
• 制御(せいぎょ)する	제어	• 端末(たんまつ)	단말
• 使(つか)う	사용하다	• 止(と)める	정지하다
• 点在(てんざい)する	곳곳에	• 速度(そくど)	속도
• あらゆる	모든	• 上(あ)げる	올리다
• 機器(きき)	기기	• パラメータ	매개변수
• 状態(じょうたい)	상태	• 変更(へんこう)	변경

원격감시제어

- SCADA(원격감시제어)란 간단히 말하면「큰 시설이나 인프라를 구성하는 장치 · 설비에서 얻은 정보를 네트워크를 통해 한 곳에 모아 모니터링하고, 필요에 따라 제어하는 시스템」을 말합니다.

- 이것을 사용함으로써 시설 내에 흩어져있는 모든 기기의 상태를 한눈에 확인하고 제어할 수 있게 됩니다.

- 예를 들어, 생산시설이라면 SCADA는 제조장치의 작동상황, 부재의 수량, 불량품수, 진척상황 등의 정보를 처리합니다. 관리자는 이 정보를 PC나 태블릿 등의 단말기에서 확인한 후, 필요에 따라 장치를 정지시키거나 속도를 올리거나 매개변수 변경을 할 수 있습니다.

7.6 통합관제시스템 (統合管制システム)

統合管制システム (EMS, Enterprise Management System)

- 統合管制システム(EMS)とは、「情報の保護ソフトウェアを制御し、データを統合する管理システム」を言います。
- サーバー、ネットワーク、DBMS(データベースの構築、管理するシステム)などのさまざまなITインフラを単一のプラットフォームに統合・管理します。
- リアルタイムでネットワーク、トラフィック、サーバやセンサーの状況を視覚的に監視することができます。また、ITインフラの集中的な管理を通じて管理の一貫性を維持し、ユーザーの利便性と業務の効率性を提供できます。

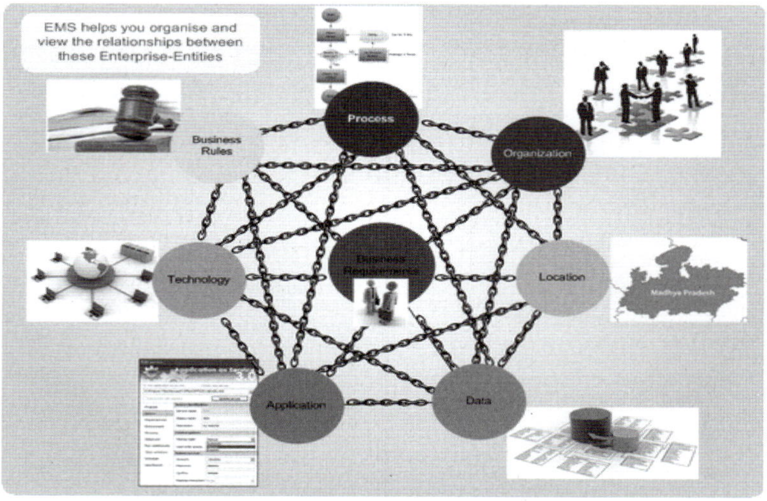

[그림 Ⅶ-7] 통합관제시스템(EMS)

어 휘

統合管制(とうごうかんせい)	통합관제	状況(じょうきょう)	상황
情報(じょうほう)	정보	視覚的(しかくてき)	시각적
保護(ほご)	보호	監視(かんし)	감시
制御(せいぎょ)	제어	集中的(しゅうちゅうてき)	집중적
管理(かんり)	관리	一貫性(いっかんせい)	일관성
構築(こうちく)	구축	維持(いじ)	유지
さまざまな	다양한	利便性(りべんせい)	편의성
単一(たんいつ)	단일	業務(ぎょうむ)	업무
リアルタイム	실시간	効率性(こうりつせい)	효율성
トラフィック	트래픽	提供(ていきょう)	제공

통합관제시스템

- 통합관제시스템(EMS)은 「정보 보호 소프트웨어를 제어하고 자료를 통합하는 관리 시스템」을 말합니다.
- 서버, 네트워크, DBMS(데이터베이스를 구축, 관리하는 시스템) 등의 다양한 IT 인프라를 하나의 플랫폼에서 통합 · 관리합니다.
- 실시간으로 네트워크, 트래픽, 서버 및 센서의 현황을 시각적으로 모니터링 할 수 있습니다. 또한, IT 인프라에 대한 중앙 집중적인 관리를 통하여 관리의 일관성을 유지하며, 사용자의 편의성과 업무의 효율성을 제공할 수 있습니다.

7.7 산업사물인터넷 (産業用モノのインターネット)

産業用モノのインターネット (IIoT, Industrial Internet of Things)

- IIoTとは、「IoT」を前提とした用語で、「産業用のIoT」を意味します。つまり、製造・輸送・物流などの産業分野を対象としたIoTのことです。
- IoT技術によって、コンピュータだけでなく、さまざまなモノを相互にネットワークでつなぐことで、データの収集・分析や、自動操作・遠隔操作による業務効率化を実現できます。
- IIoTもこうしたメリットを受け継ぎ、製品・機械、産業用ロボット、パイプライン、生産設備やセンサーをネットワークで結びつけることで、新たな付加価値を作り出すことを目的としています。

[그림 Ⅶ-8] 산업사물인터넷(IIoT)

어 휘

• 前提(ぜんてい)	전제	• 分析(ぶんせき)	분석
• 用語(ようご)	용어	• 自動操作(じどうそうさ)	자동조작
• 産業用(さんぎょうよう)	산업용	• 遠隔操作(えんかくそうさ)	원격조작
• 意味(いみ)	의미	• 業務(ぎょうむ)	업무
• つまり	즉	• 効率化(こうりつか)	효율화
• 製造(せいぞう)	제조	• 受(う)け継(つ)ぐ	계승하다
• 輸送(ゆそう)	수송	• 製品(せいひん)	제품
• 物流(ぶつりゅう)	물류	• パイプライン	파이프라인
• 分野(ぶんや)	분야	• 設備(せつび)	시설
• 対象(たいしょう)	대상	• 結(むす)びつける	연결시키다
• 技術(ぎじゅつ)	기술	• 新(あらた)だ	새롭다
• 相互(そうご)に	서로	• 付加価値(ふかかち)	부가가치
• つなぐ	연결하다, 잇다	• 作(つく)り出(だ)す	만들어내다
• 収集(しゅうしゅう)	수집	• 目的(もくてき)	목적

산업사물인터넷

- IIoT는 「IoT」를 전제로 한 용어로, 「산업용 IoT」을 의미합니다. 즉, 생산 · 수송 · 물류 등 산업분야를 대상으로 한 IoT입니다.
- IoT기술로 컴퓨터뿐만 아니라 다양한 것을 서로 네트워크로 연결하여, 데이터의 수집 · 분석과 자동조작 · 원격조작으로 업무의 효율화를 실현할 수 있습니다.
- IIoT도 이러한 장점을 계승하여 제품 · 기계, 산업용 로봇, 파이프라인, 생산설비와 센서를 네트워크로 연결시킴으로써 새로운 부가가치를 창출하는 것을 목적으로 하고 있습니다.

7.8 가상물리시스템 (サイバーフィジカルシステム)

サイバーフィジカルシステム（CPS, Cyber Physical System）

- サイバーフィジカルシステム(CPS)とは、「実世界(フィジカル空間)とサイバー世界が一体となることで、より高度な社会の実現を目指すサービスやシステム」を言います。

- 実世界にある多様なデータをIoT技術などを用いて収集し、サイバー空間で大規模データ処理をして分析することで、産業の活性化や社会問題の解決ができるような新たな価値や情報を創出することができます。

- CPSは小規模な組み込みシステムから社会インフラシステムまで幅広く、広範囲に適用されます。

[그림 Ⅶ-9] 가상물리시스템(CPS)과 디지털 트윈

어 휘

• 実世界(じっせかい)	실세계	• 分析(ぶんせき)	분석
• 空間(くうかん)	공간	• 産業(さんぎょう)	산업
• 一体(いったい)	도대체	• 活性化(かっせいか)	활성화
• より	보다, 한층	• 問題(もんだい)	문제
• 高度(こうど)	고도	• 解決(かいけつ)	해결
• 社会(しゃかい)	사회	• 新(あらた)だ	새롭다
• 実現(じつげん)	실현	• 価値(かち)	가치
• 目指(めざ)す	목표로 하다	• 情報(じょうほう)	정보
• 多様(たよう)な	다양한	• 創出(そうしゅつ)	창출
• 技術(ぎじゅつ)	기술	• 小規模(しょうきぼ)	소규모
• 用(もち)いる	이용하다	• 組(く)み込(こ)みシステム	임베디드 시스템
• 収集(しゅうしゅう)	수집	• 幅広(はばひろ)い	폭넓다
• 大規模(だいきぼ)	대규모	• 広範囲(こうはんい)	광범위
• 処理(しょり)	처리	• 適用(てきよう)	적용

가상물리시스템

- 가상물리시스템(CPS)은 「실세계(물리적 공간)와 가상세계가 하나가 됨으로써 보다 고도사회의 실현을 목표로 하는 서비스 및 시스템」을 말합니다.
- 실세계에 있는 다양한 데이터를 IoT기술 등을 이용하여 수집하고, 사이버 공간에서 대규모 데이터 처리를 하여 분석함으로써 산업의 활성화와 사회문제의 해결을 할 수 있는 새로운 가치와 정보를 창출할 수 있습니다.
- CPS는 소규모 임베디드 시스템에서 사회 인프라 시스템까지 폭넓고 광범위하게 적용됩니다.

임베디드 시스템 : 가전제품, 휴대전화, 산업기기 등에 내장되는, 특정처리를 위한 컴퓨터 시스템. 최소한의 기능만을 갖춘 것으로 최소화, 경량화를 지향함.

7.9 공정제어 (プロセス制御)

プロセス制御 (PLC, Programmable Logic Controller)

- プロセス制御(PLC)とは、リレー回路の代替装置として開発された制御装置です。コンピュータ制御技術をベースにして、シーケンス制御をプログラムで処理するシーケンス制御専用のマイクロコンピュータとも言えます。

- PLCは、工場の自動機械の制御に使われるほか、エレベーター・自動ドア・ボイラーなど、機械の制御にも使用されます。

- 装置の制御やデータの処理を行うMPU(論理演算・制御部)で、メモリに記憶されたプログラムを実行し、入力部からデータを受け取り、演算・加工した上で、出力部へ信号を送り、機器の制御をします。

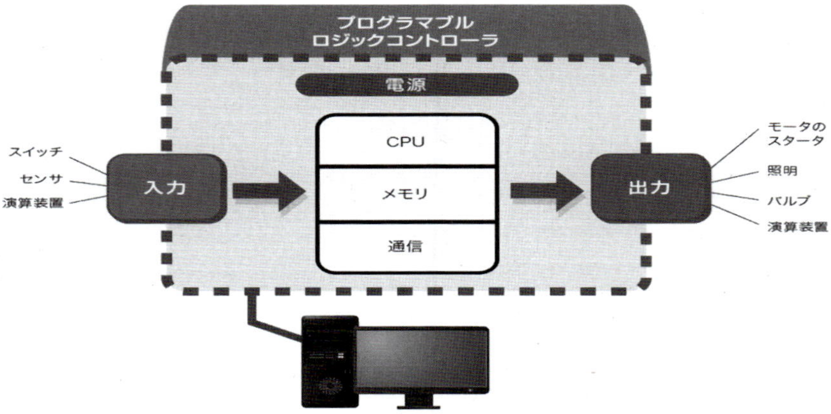

[그림 Ⅶ-10] 공정제어(PLC)

어 휘

• 制御(せいぎょ)	제어	• 使用(しよう)	사용
• リレー	릴레이	• 行(おこな)う	행하다, 실행하다
• 回路(かいろ)	회로	• 論理(ろんり)	논리
• 代替装置(だいたいそうち)	대체장비	• 演算(えんざん)	연산
• 開発(かいはつ)	개발	• 記憶(きおく)	기억
• 技術(ぎじゅつ)	기술	• 実行(じっこう)	실행
• シーケンス	시퀀스	• 入力部(にゅうりょくぶ)	입력부
• 処理(しょり)	처리	• 受(う)け取(と)る	받다
• 専用(せんよう)	전용	• 加工(かこう)	가공
• 工場(こうじょう)	공장	• 出力部(しゅつりょくぶ)	출력부
• 自動機械(じどうきかい)	자동기계	• 信号(しんごう)	신호
• 使(つか)われる	사용되다	• 送(おく)る	보내다
• ~ほか	~외	• 機器(きき)	기기

공정제어

- 공정제어(PLC)는 릴레이 회로의 대체장치로 개발된 제어장치입니다. 컴퓨터 제어기술을 기반으로 하여, 시퀀스 제어를 프로그램으로 처리하는 시퀀스 제어전용의 마이크로컴퓨터라고도 할 수 있습니다.
- PLC는 공장의 자동기계의 제어에 사용되는 것 외에 엘리베이터, 자동문, 보일러 등 기계의 제어에도 사용됩니다.
- 장치의 제어나 데이터 처리를 할 MPU(논리연산 · 제어부)에서 메모리에 기억된 프로그램을 실행하여 입력부로부터 데이터를 받아 연산 · 가공 한 후, 출력부에 신호를 보내 기기제어를 합니다.

7.10 인터페이스 (インターフェイス)

インターフェイス (HMI, Human Machine Interface)

- HMIとは、「ヒューマン・マシン・インターフェース」の略語で、人間と機械との間で情報のやりとりを行う境界という意味を持ちます。

- 一般的には、人と機械の間に介在し、人への情報提供、機械への指令などをやりとりする部分を指します。つまり、人と機器をつなぐ部分、機器の表示やユーザの操作を受け付ける部分のことです。

- 人間が指示を与える手段は、スイッチ・ボタン・ダイヤル・ペダル・リモコン・マイク・キーボード・マウスなどが含まれ、機械が情報を伝える手段は、液晶画面・メーター・ランプ・スピーカーなどが含まれます。

[그림 Ⅶ-11] 자율주행자동차에서의 핵심기술인 HMI

어 휘

• 略語(りゃくご)	약어, 줄인말	• 部分(ぶぶん)	부분
• 人間(にんげん)	인간	• 指(さ)す	가리키다
• 間(あいだ)	사이	• 機器(きき)	기기
• 情報(じょうほう)	정보	• つなぐ	연결하다
• やりとり	주고받음, 교환함	• 表示(ひょうじ)	표시
• 行(おこな)う	행하다, 실행하다	• 操作(そうさ)	조작
• 境界(きょうかい)	경계	• 受(う)け付(つ)ける	받아들이다
• 意味(いみ)	의미	• 指示(しじ)	지시
• 持(も)つ	가지다, 지니다	• 与(あた)える	주다
• 一般的(いっぱんてき)	일반적	• 手段(しゅだん)	수단
• 介在(かいざい)	매개	• 含(ふく)まれる	포함되다
• 提供(ていきょう)	제공	• 伝(つた)える	전달하다
• 指令(しれい)	명령, 지령	• 液晶画面(えきしょうがめん)	액정화면

인터페이스

- HMI는 「사람 · 기계 · 인터페이스」의 약자로, 인간과 기계 사이의 정보를 교환하는 경계라는 의미를 가지고 있습니다.
- 일반적으로 인간과 기계 사이에 매개하여 사람에게는 정보제공, 기계에는 명령 등을 교환하는 부분을 말합니다. 즉, 사람과 기기를 연결하는 부분, 기기의 표시나 사용자의 조작을 받아들이는 부분입니다.
- 인간이 지시를 하는 수단은 스위치 · 버튼 · 다이얼 · 페달 · 리모컨 · 마이크 · 키보드 · 마우스 등이 포함되고, 기계가 정보를 전달하는 수단은 액정화면 · 자동계기 · 램프 · 스피커 등이 포함됩니다.

부록

1. 칼 럼 (コラム)

1.1 수소연료전지 자동차와 전기자동차 (水素燃料電池自動車と電気自動車)

電気自動車(EV：Electric Vehicle)は、充電スタンドから電気をバッテリー(蓄電池)に蓄え、その電気でモーターを回して走る自動車です。バッテリーの性能が日々向上しているとは言え、蓄電能力に限界があり、ガソリン自動車に比べ走行距離が短いことが課題とされています。

水素燃料電池自動車(FCV：Fuel Cell Vehicle)とは、空気中の酸素を取り入れて、水素ステーションから充填した水素と化学反応させて直接発電し、この発電によってできた電気エネルギーを使ってモーターを回して走る自動車です。つまり、自分で発電しながら走る電気自動車とも言えます。1回の水素充填で走行できる距離がガソリン自動車同様に長いことが特徴です。

なお、水素自動車と呼ばれるものもありますが、こちらはガソリンの代わりに水素を直接のエネルギー源とする自動車で、ガソリンエンジンを改良するなどして水素そのものを燃焼させる仕組みになっています。

〈https://www.goo-net.com/magazine/7197.htmlより引用〉

FCVを普及させるための最大の障壁となっているのが、水素ステーション開設などのインフラ整備です。現在のところ燃料を支給する水素ステーションは全国でも主要都市部にしか配置しておらず、地方にはほとんど存在しないため、走行中にいつ燃料切れを起こしてもおかしくありません。

対して、EVは燃料となるものが「電気」であるため、インフラに関する問題はある程度クリアが可能です。

しかし、EVはその構造上、搭載する充電池の影響により車体全体が重くなるという欠点があります。また、充電の長さに対する不満もあります。

現時点の技術では、充電スタンドで満充電に至るまでおよそ３０分ほど待つ必要があり、自宅で充電を行えば8～11時間ほど要するため、非常に効率が悪いというのが大方の見解となっています。

〈https://smartdrivemagazine.jp/forefront/toyota-fcv/#EV_vs_FCVより引用〉

수소연료전지 자동차와 전기자동차

전기자동차(EV : Electric Vehicle)는 충전소에서 전기를 배터리(축전지)에 충전하고 그 전기로 모터를 회전시켜 주행하는 자동차입니다. 배터리의 성능이 나날이 향상되고 있다고 해도 축전 능력에 한계가 있고, 가솔린 자동차에 비해 주행 거리가 짧다는 것이 과제로 남아 있습니다.

수소연료전지 자동차(FCV : Fuel Cell Vehicle)는 공기 중의 산소를 도입하여, 수소 스테이션에서 충전한 수소와 화학 반응시켜 직접 발전하고, 이 발전으로 발생한 전기 에너지로 모터를 회전시켜 주행하는 자동차입니다. 즉, 자체적으로 발전하면서 달리는 전기 자동차라고 할 수 있습니다. 1회 수소 충전으로 주행할 수 있는 거리가 가솔린 자동차처럼 긴 것이 특징입니다.

또한, 수소 자동차라는 것도 있습니다만, 이것은 휘발유대신 수소를 직접 에너지원으로 하는 자동차로 가솔린 엔진을 개량하여 수소 자체를 연소시키는 구조로 되어 있습니다.

FCV를 보급시키기 위한 최대의 장벽은 수소 스테이션 개설 등의 인프라 문제입니다. 현재 연료를 공급하는 수소 스테이션은 전국에서도 주요 도시 밖에 배치되어 있지 않고 지방에는 거의 존재하지 않기 때문에 주행 중에 언제라도 연료 부족이라는 문제가 발생할 수 있습니다.

이에 비해, EV는 연료가 「전기」이기 때문에 인프라 문제는 어느 정도 해결할 수 있습니다. 그러나 EV는 구조상 탑재한 충전지의 영향으로 차체 전체가 무거워지는 단점이 있습니다. 또한, 충전 시간에 대한 불만도 있습니다.

현재의 기술로는 충전소에서 완전 충전까지 약 30 분 정도 기다려야 하며, 자택에서 충전을 하면 8~11시간 정도 소요되기 때문에 매우 비효율적이라는 것이 대체적인 견해입니다.

그러나 수소연료전지 자동차와 전기자동차는 지금까지 가솔린 자동차에는 없는 장점을 가지고 있습니다. 친환경 차세대 자동차로서 향후 개발이 기대되는 자동라라고 말할 수 있겠지요.

1.2 포털 사이트 (ポータルサイト)

元々ポータルとは、港(port)から派生した言葉で、門や入口を表し、特に豪華な堂々とした門に使われた言葉である。このことから、ウェブにアクセスするために、様々なコンテンツを有する、巨大なサイトをポータルサイトというようになった。入口、玄関という意味でエントランス(entrance)を使わなかったのは、ポータルには「豪華、堂々とした」という意味合いが強かったためと思われる。

ポータルサイトは、検索エンジン、ウェブディレクトリ、ニュース、オンライン辞書、オークション、メールサービスなどのサービスを提供し、利用者の便宜を図っている。

ポータルサイトのビジネスモデルは、サイトの集客力を生かして広告や有料コンテンツで収入を得ることである。1996年以降のインターネットブームに乗じて、多くのポータルサイトが乱立したが、徐々に統廃合が進んでいる。

初期のポータルサイトは自前で検索エンジンやウェブディレクトリを運用していたが、情報の肥大化に対応しきれずアウトソーシングが多くなった。

生き残りをかけて、特定の地域サービスに特化した地域ポータルサイトや、インターネットサービスプロバイダ(ISP)のサービス情報サイト、育児、環境、オルタナティブカルチャー、音楽、女性の生き方などにテーマを絞ったポータルサイトもある。種々のコンテンツを集めただけのサイトをポータルと称することもある。また、不特定多数のアクセスがあるだけに、こうしたポータルサイトにアダルト情報を持ち込むことの是非を問う意見もある。

近年ポータルサイトから派生した、企業「ポータル」が関心を高めている。企業に散らばっている様々なデータや情報を効率的に探したり利用するためにパソコンの画面上にこれら情報やアプリケーションをポートレットとして集約表示する技術が出てきた。画面は利用者の要求によって自由にレイアウトを変更でき、例えば社長用の画面、部長用の画面、営業用の画面、技術者用の画面など、それぞれの職種・役割に応じた最適画面を作ることが出来る。代表的な「ポータル」製品としては、IBMのWeb Sphere Portalや、MicrosoftのMicrosoft Share Pointなどがある。

〈フリー百科事典『ウィキペディア(Wikipedia)』より引用〉

포털 사이트

원래 포털 사이트란, 항구(port)에서 파생된 말로 문이나 입구를 나타내며, 특히 화려하고 근사한 문에 사용되는 말이다. 이러한 점에서 웹에 접속하기 위하여 다양한 콘텐츠를 보유한 거대한 사이트를 포털 사이트라고 하게 되었다. 입구, 현관이라는 의미로 엔트랜스(entrance)를 사용하지 않은 이유는 포털이라는 어휘의 배후에 「화려한, 근사한」 이라는 의미가 강했기 때문이라 생각된다.

포털 사이트는 검색 엔진, 웹 디렉토리, 뉴스, 온라인 사전, 옥션, 메일 서비스 등의 서비스를 세공하여 이용자의 편의를 도모하고 있다.

포털 사이트의 비즈니스 모델은 사이트의 집객력을 활용하여 광고나 유료 콘텐츠로 수입을 얻는다. 1996년 이후 인터넷 붐을 타고 많은 포털 사이트가 난립했으나 서서히 통폐합이 진행되고 있다.

초기 포털 사이트는 비용을 스스로 부담하고 검색 엔진이나 웹 디렉토리를 운용했으나 정보의 비대화에 대응하지 못하고 외부 위탁이 많아졌다.

살아남기 위해 특정 지역 서비스를 특화한 지역 포털 서비스나 인터넷 서비스 프로바이더(ISP)의 서비스 정보 사이트, 육아, 환경, 대안 문화, 음악, 여성의 생활방식 등으로 테마를 압축한 포털 사이트도 있다. 단순히 여러 콘텐츠를 모은 사이트를 포털이라고 칭하기도 한다. 또 불특정 다수가 방문하는 만큼, 이러한 포털 사이트에 성인 정보를 들여오는 것에 대해 옳고 그름을 따지는 의견도 있다.

근래 포털 사이트에서 파생된 기업 포털에 관심이 높아지고 있다. 기업에 산재되어있는 온갖 데이터와 정보를 효과적으로 찾거나 이용하기 위해 컴퓨터의 화면에 이러한 정보나 응용프로그램을 포틀렛으로 집약하여 표시하는 기술이 나왔다. 화면은 이용자의 요구에 따라 자유롭게 레이아웃을 변경할 수 있는데, 예를 들어 사장용 화면, 부장용 화면, 영업용 화면, 기술자용 화면 등 각 직종과 역할에 따라 최적 화면을 만들 수 있다. 대표적인 「포털」제품으로는 IBM의 Web Sphere Portal과 Microsoft의 Microsoft Share Point 등이 있다.

〈무료백과사전 『Wikipedia』 에서 인용〉

1.3 일본의 주요 포털 사이트（日本の主なポータルサイト）

Yahoo! JAPAN·ヤフー ジャパン

Google·グーグル	livedoor·ライブドア
goo·グー	MSN·エムエスエヌ
Infoseek·インフォシーク	Hatena·はてな
Excite·エキサイト	FreshEYE·フレッシュアイ

2. 국내 진출 일본 기업 취업 정보

회사명	모집 분야	자격요건·담당업무·우대사항·위치	
Nano Fine Tech	기술지원 (CS엔지니어)	자격요건	고졸 이상 신입, 경력 1~3년
		담당업무	장비 Set up 및 유지보수, Part 관리
		우대사항	일본어 가능자, 운전 가능자, 관련 자격증 보유자, 해외 연수, 인근 거주
		위치	경기 용인시 기흥구 흥덕1로
MENTOR	기계·자동차 해외영업	자격요건	초대졸 이상, 신입·경력 해외여행 결격 사유 없는 자
		담당업무	전기·전자 공학 능력을 활용하여 일본(주거래처)·베트남 외 동남아시아 거래처의 부품 개발 및 영업, 무역
		우대사항	유관업무 경력자, 해외연수자, 일본어가능자
		위치	인천 남동구 논현동
요시이즈미 코리아㈜	기술영업부	자격요건	초대졸 이상 신입, 경력 1년 이상
		담당업무	기술영업
		우대사항	일본어가능자, 인근거주자, 운전가능자, 문서 작성우수자, 유관업무 경력자, 비흡연자
		위치	서울시 금천구 벚꽃로
위너스㈜		자격요건	학력, 경력 무관(공통)
	설계, 개발 영업, 구매	우대사항	일본어가능자, 차량소지자, 컴퓨터활용·프레젠테이션 능력 우수자, CAD·CAM 프로그램, 문서작성 능숙자
	품질, 관리	우대사항	일본어가능자, 인근거주자, 컴퓨터 활용능력 우수자, 차량소지자
		위치	경기 화성시 정남면 안녕길150번길 75
인벡스 다이아몬드㈜	생산관리 기술개발	자격요건	초대졸 이상 (졸업예정자 가능) 신입·경력
		우대사항	컴퓨터 활용능력 우수자, 일본어 가능자
		위치	경기 파주시 교하읍 동패리

회사	직무	구분	내용
코에코테크 트레이딩	기술영업	자격요건	초대졸 이상, 신입·경력
		담당업무	기계류 기술영업
		우대사항	영어·일본어 가능자
		위치	서울 강서구 가양동
비앤티 코퍼레이션㈜	국내영업 해외영업 일반 무역업무	자격요건	대학 졸업(2,3년)
		담당업무	국내 및 해외 영업, 무역업무 일반 (브러시, CFRP, 연마재 등)
		위치	서울 구로구 구로동
디아이㈜	냉동기 설계/제작 설치/조정	자격요건	해당분야 경력 3~5년 AUTOCAD 2D·3D 설계가능자
		담당업무	냉동·공조설비 설계 제작 및 유지보수
		우대사항	일본어 가능자
		위치	서울특별시 강남구 논현로
세화 에스앤티㈜	레이저 설비 (일본산)의 설치·A/S	자격요건	초대졸 이상
		담당업무	레이저 설비의 설치 및 A/S, 기계 조작 일본 엔지니어 대응
		위치	서울특별시 송파구 송이로 108
수 코퍼레이션	무역·상사	자격요건	대학졸업(2,3년)
		담당업무	설치·정비·A/S제품·서비스영업·무역·해외영업
		우대사항	일본어 JLPT 2급 이상, 영어 TOEIC 700점 이상 컴퓨터 활용능력 우수자, 일본어가능자, 지방근무 가능자
		위치	경기 성남시 중원구 상대원동
휴롬㈜	영업 기획·관리	자격요건	초대졸 이상(기졸업자 및 졸업 예정자) - 해외여행 결격 사유가 없는 자 - 병역 의무를 필한 자 또는 면제자
		담당업무	거래처 발주 관리 및 전표 관리, 오더 및 생산관리, ERP 업무
		우대사항	외국어(영어·중국어·일본어) 가능자, 국가 보훈대상자 및 장애인은 관련 법규에 의거하여 우대
		위치	서울특별시 강남구

유라 코퍼레이션㈜	안전관리	자격요건	– TOEIC 700 이상 또는 중국어 新HSK 4급 이상 보유자 – 상기 조건에 상응하는 공인 어학 성적 보유자 – 독일어, 일본어, 스페인어, 러시아어, 프랑스어 등 기타 외국어 가능자 ※ 상기 3개 사항 중 1가지 조건 충족 필수 – 해외여행에 결격 사유가 없는 자
		담당업무	전장 제어기 국제 표준 프로세스 관리, ISO26262·CMMIASPICE
		우대사항	기계, 전기/전자, 자동차 관련 전공 우대, 국가 유공자 자녀 및 장애인은 관련법에 따라 우대
	제어	자격요건	안전 관리 자격 요건과 동일
		담당업무	보디 전장품 개발, 소프트웨어 설계, 검증
		우대사항	기계, 전기/전자, 자동차 관련 전공, 임베디드 SW, AUTOSAR 설계 유경험자, 국가유공자 자녀 및 장애인은 관련법에 따라 우대
	기계설계	자격요건	안전 관리 자격 요건과 동일 ※ 현대자동차 의왕연구소 파견(GE)근무 가능자
		담당업무	자동차용 와이어링 경로 및 회로 설계
		우대사항	기계, 전기/전자, 자동차 관련 전공 우대, 국가유공자 자녀 및 장애인은 관련법에 따라 우대
		위치	경기도 성남시 분당구 삼평동
한국 와이퍼㈜	기술부 개발	자격요건	대졸(4년), 18세(1999년생)~35세(1982년생) 일본어 가능자(필수사항) 해외출장 이상 없는 자
		담당업무	자동차 와이퍼 관련 고객사 개발 평가 대응 및 사내 개발 업무 대응
		우대사항	관련학과 전공자 우대
		위치	경기 안산시 단원구
DAS	생산·품질 연구 (시트/설계)	우대사항	이공계열(기계공학, 자동차계열, 전기/전자, 금속·재료, 산업공학) 관련 전공 자격증 소지자

3. 일본 자동차 기업

도요타 자동차 · トヨタ自動車 · Toyota Motor

- 창업주인 도요타 사키치가 1920년대에 설립한 도요타 자동직기제작소에 자동차사업부를 추가하면서 시작되어 2008년 매출액과 생산량 기준 세계 최대 자동차 회사가 되었다.
- 2010년 FJ크루저를 출시, 2012년 누적 생산 대수가 2억 대를 넘었으며 생산량 기준 세계 1위 자동차 회사가 되었다. 2013년 프리우스 300만 대, 코롤라 4천만 대의 누적 판매 기록을 세웠다. 주력 승용차인 코롤라는 자동차 역사상 가장 많이 팔린 세단 중 하나이다.
- トヨタ自動車は、世界最大手の日本の自動車メーカー。単一メーカーとしては日本最大で、世界各地に拠点を有していると同時に、トヨタグループの中核を占める。2016年3月期連結売上高28.4兆円は国内首位である。通称「トヨタ」英語表記「TOYOTA」。

〈한국 도요타 자동차〉

- 〈한국 도요타 자동차〉는 한국법인으로 2000년에 설립되어 서울, 일산, 분당, 부산 등의 지역에 총 12개 판매망을 갖고 있으며, 주요 지역에 종합서비스센터를 운영하고 있다. 한국 도요타 자동차가 설립되기 이전인 1965년부터 1972년까지 한국GM의 전신인 신진자동차가 도요타와 제휴해 크라운, 코로나, 퍼블리카, 도요에이스(한국명 에이스)를 조립 생산하여 판매하였다.
- 1996년 대한민국 정부가 수입 다변화 정책을 폐지하여 순수 일본제 승용차의 수입을 허용하기 전에는 그레이 임포터인 도요타 통상이 주한 일본계 기업 및 일본 대사관 전용으로 미국에서 생산한 아발론 및 캠리를 시험적으로 수입 판매하였다. 현재는 미국과의 FTA 발효로 캠리와 시에나 등을 미국에서 들여오고 있다. 도요타 브랜드의 도입을 계기로, 새로운 사회공헌 활동을 개시하였다.

렉서스 · レクサス · Lexus

- 렉서스는 1989년 도요타에서 론칭한 프리미엄 브랜드이다. 코롤라(Corolla), 캠리(Camry) 등의 실용적인 자동차 모델을 생산해 오던 도요타 자동차가 4년에 걸쳐 개발한 것으로, 1989년 미국에서 발매한 고급 승용차 모델과 그 후속 모델의 이름이다. 대중적인 자동차 브랜드에서 프리미엄 브랜드로의 성공적인 사례로, 하이브리드 차에 집중하고 있다.
- レクサスは、トヨタ自動車が世界65か国で展開している高級車ブランドである。日本国内では 2005年から展開された。グローバルブランドスローガンは「AMAZING IN MOTION」(いくつもの、想像を超える感動を)。

닛산 자동차 · 日産自動車 · Nissan Motor

- 1933년 설립된 닛산은 일본산업(日本産業：にほんさんぎょう)을 줄인 말이다. 도요타, 혼다와 함께 일본 3대 자동차 회사 중의 하나로 자동차, 고급차, 상용차, 지게차 부문에서 다양한 모델을 선보이고 있다. 소유주는 프랑스의 르노사로 지분 43.4%를 보유하고 있다.
- 1990년대 경쟁 업체인 도요타에 비해 판매량이 감소하면서 재정 위기에 처했으나 1999년 프랑스 르노와 협력 관계를 맺어 부활하는데 성공했다. 2006년 파리 모터쇼에서 디젤 SUV 캐시카이를 처음 공개했다. 캐시카이는 디젤 SUV의 본고장인 유럽 시장을 공략하기 위해 선보인 차종이다. 닛산은 지속적으로 신기술 개발에 앞장서 왔으며 전기 자동차 개발에 주력했다.
- 산하 브랜드로 닛산, 인피니티, 닷선, 니스모(NISMO)가 있다. 니스모는 닛산의 튜닝 브랜드로 현재 고성능 자동차를 개발하고 있다. 판매되는 차종으로 소형 큐브(Cube), 중형 알티마(Altima), 맥시마(Maxima), 무라노(Murano), 스포츠카 370Z, GT-R, 픽업트럭 프런티어(Frontier), 타이탄(Titan) 등이 있다.
- 日産自動車は、日本の大手自動車メーカーで、通称とブランド名は「日産」である。日本国外の一部では、高級車ブランドである、「インフィニティ」も展開しており、現在はフランスの自動車製造大手「ルノー」とアライアンス関係である。

〈한국 닛산〉

• 닛산은 2004년 2월 〈한국 닛산〉을 설립하고 2005년 7월 인피니티를 한국시장에 출시하였다. 후륜 구동의 V8, 최고급 세단 Q45를 비롯하여 고급 세단 M35·M45, 스포츠 쿠페와 세단 G35, 크로스오버 SUV인 FX35·FX45 등이 있다.

• 韓国日産は日産自動車の韓国における販売を行っている企業で、2004年2月に設立。米国をターゲットにしたブランド「インフィニティ」をマーケットの状況と顧客の嗜好を検討した結果、2005年7月に韓国での販売をスタートさせ、多様性とライフスタイルを強調した「日産」ブランドを2008年11月より展開した。その後、2015年4月にインフィニティ部門が独立法人化され、「インフィニティコリア」として発足した。

■ 인피니티 · インフィニティ

• 1989년 닛산 자동차가 출시한 고급 승용차의 브랜드이다. 당시 일본의 3대 자동차 제조사는 중저가 모델이라는 기존의 이미지를 탈피하여 최고급 자동차 전략으로 혼다의 아큐라, 도요타의 렉서스, 닛산의 인피니티를 출시했다.

INFINITI.

• 인피니티는 1999년 르노가 닛산을 인수한 뒤 '닛산 리바이벌 플랜(NRP)'을 추진하면서 인피니티도 재평가를 받기 시작했다. 특히, 2003년에 출시한 G35 쿠페와 세단은 가격 대비 고성능을 자랑하며 모터 트렌드(Motor Trend)의 '2003 올해의 차'로 선정되어 BMW, 벤츠, 렉서스 등을 앞지르고 판매에서도 최대를 기록하였다. G35의 성공에 고무된 인피니티는 2005년 2월부터 M35, M45 등 M시리즈 모델들을 시판하여 좋은 반응을 얻고 있다.

〈인피니티 코리아〉

• インフィニティコリアは日産自動車の高級車「インフィニティ」の韓国における販売を行っている企業。2015年4月にインフィニティブランドを独立法人化させる形で設立し、2005年7月にインフィニティブランド車の販売をスタートした。全般的な事業戦略とブランド拡張業務を独自に担当するが、韓国市場に日産ブランドとのシナジー効果を最大限とするため、情報技術やファイナンスサービスの支援業務は、韓国日産が引き受ける体系を維持する。

혼다 · 本田技研工業 · Honda Motor

- 혼다는 일본에 본사를 둔 세계적인 다국적 기업으로, 1946년 혼다 소이치로가 창립하였다. 처음에는 이륜 자동차(오토바이)만을 생산하였으나, 이륜 자동차에서 얻은 노하우와 기술을 바탕으로 60년대부터 사륜자동차 산업을 시작했다. 현재 도요타, 닛산자동차와 함께 일본 3대 자동차 회사 가운데 하나이자 세계 10위권 안에 포함되는 자동차 회사로 세계 최대의 모터사이클, 내연 엔진 제조업체이다.

HONDA
The Power of Dreams

- 혼다는 혼다가 추구하는 모빌리티 컴퍼니를 지향점으로, 자동차뿐만 아니라 모터사이클을 비롯하여 인간형 로봇 아시모, 혼다제트까지 '움직이는 모든 것'을 개발하여 소비자들에게 Joy of Mobility를 제공하고 있다. 친환경 연구 개발을 통해 1999년에는 자동차 브랜드 최초로 하이브리드 차인 인사이트(Insight)를 발매한 바 있다.
- 혼다는 하이브리드라는 개념을 새롭게 인식시켰을 뿐만 아니라, 하이브리드 시장을 개척했다는 평가를 받았으며 한국에서도 2007년 2월 국내 최초의 하이브리드 세단이자 최고의 연비 효율을 자랑하는 '시빅 하이브리드'를 출시하여 한국 내 하이브리드 시장을 새롭게 선도하고 있다. 1986년에는 프리미엄 브랜드 〈아큐라〉를 출시하였다.

〈아큐라 · ACURA〉

- 혼다가 100% 알루미늄 모노코크를 사용해 만든 1,350kg의 초경량 스포츠카. 혼다 최초의 미드십 2인승 스포츠카로 페라리, 포르쉐 등 세계 정상급 스포츠카를 목표로 제작됐다.
- 세계 최초로 100% 알루미늄 모노코크를 보디로 사용했다. 전후 더블위시본 서스펜스에도 알루미늄 소재를 사용해 차량의 총 중량이 1,350 kg의 초경량이다. 경량화를 위해 엔진도 터보 대신 가변식 밸브 시스템인 V6 VTEC 엔진을 달았다.

〈혼다 코리아〉

- 혼다 코리아는 혼다의 국내 현지법인으로 2001년 10월 혼다 모터사이클 코리아(주)를 출범하여 모터사이클 및 관련 부품, 용품의 수입 및 판매를 하고 있다. 2003년 3월 25일 자동차 사업 진출을 계기로 사명을 혼다 모터사이클 코리아(주)에서 혼다 코리아(주)로 변경하고 자동차 판매 서비스 및 관련 부품, 용품 수입으로 사업 확장을 진행하고 있다.
- 2008년 수입차 판매 1위를 달성했고 이후에도 꾸준히 성장해가고 있다. 혼다 자동차의 최근 주요 모델은 중형 세단 Accord, 소형차 Civic, 스포츠카인 S2000과 NSX, RV 차량인 CR-V 등이 있으며, 혼다 모터사이클의 주요 모델은 Gold Wing과 CBR600RR 등이 있다.
- ホンダコリアは、ホンダの韓国における輸入総代理店である。韓国におけるホンダ2輪車の流通·販売·サービス事業を目的とした「ホンダモーターサイクルコリア」として2001年10月に設立したのが源流であるが、4輪も含めた展開とすべく2003年「ホンダコリア」に社名変更した。

■ 이스즈 자동차 · いすゞ自動車 · Isuzu Motors

- 이스즈 자동차는 중대형 SUV와 상용트럭 전문기업이다. 1916년 창립한 이스즈는 도요타, 닛산, 혼다 등 일본회사 중 가장 오래된 역사를 자랑하며 중대형 트럭, 버스를 생산하고 있다.
- 이스즈는 대우 자동차의 전신인 새한 자동차에서 과거 이스즈 엘프를 조립, 생산했고 대우차에서 이스즈의 버스와 트럭을 들여와 생산 판매했다. 그 외에도 쌍용차 코란도 훼미리는 이스즈 트루퍼의 플랫폼이 기반이다. 1971년에 GM과 자본제휴를 맺었으며 2006년 11월에는 도요타 자동차와도 자본제휴를 맺었다.
- いすゞ自動車は、主にトラック·バスの商用車を製造する日本の自動車メーカーである。かつてはゼネラルモーターズの関連会社だったが、2006年4月に資本関係を解消した。日本の自動車メーカーの中で古い歴史を持つ企業のひとつであり、自動車·船舶·産業用ディーゼルエンジン技術を得意とする。「いすず」ではなく「いすゞ」が正式名称。

スズキ · スズキ · SUZUKI Motors

- 1909년에 세워지고 1920년에 정식 법인이 된 회사로 혼다와 같이 오토바이로 유명하다. 1930년대부터 자동차를 생산하였으나 바로 중지하고 1950년대부터 〈스즈키 모터〉라는 이름으로 오토바이 사업을 하였으나 한동안 오토바이만 만들었던 혼다와 달리 차량산업을 시작하여 경·소형차에 집중하고 있다. 경차시장의 강자로 국내에서도 스즈키 허슬러, 알토가 인기가 있다.
- スズキは、日本の大手四輪車および二輪車のメーカーである。世界販売台数は世界第10位であり、日本販売台数は、2015年度において、日本第3位の有力企業である。

마쓰다 자동차 · マツダ · Mazda Motors

- 마쓰다 자동차는 원래 코르크 마개를 생산하던 도요(東洋)코르크공업(주)로 설립되어 소형 오토바이를 생산했던 회사이다. 1927년 도요공업(東洋工業)으로 개명한 후 일본의 트럭시장을 석권하였으며, 1960년 R360 쿠페를 발표하면서 승용차 시장에 진출하였다. 1984년 실질적인 창업자 마쓰다 주지로(松田 重次郎)의 이름을 따 마쓰다로 다시 변경했다.
- 마쓰다가 첫 생산한 자동차는 'R360'이다. 공랭식 356cc 16마력에 최고 시속 84㎞의 성능을 보였다. 이 모델은 1962년 후속 모델 'P360 캐롤'이 출시된 이후인 1966년까지 경차 시장에서 꾸준한 인기를 모았다.

히노 자동차 · 日野自動車 · Hino Motors

- 히노 자동차는 일본의 자동차 메이커로 도쿄 가스전기공업 주식회사가 오늘의 히노 자동차의 모체이다.
- 日野自動車は、東京都日野市に本社を置く、主にトラック・バスといった商用車を製造する日本の自動車メーカーである。通称「日野」「HINO」。

〈스바루・スバル・SUBARU〉

• 후지중공업의 자동차 브랜드로, 초기엔 항공기 기술에서 얻은 노하우를 많이 사용하였다. 수평대향 엔진도 유명하며 도요타 86 같은 스포츠 차량에도 탑재되어 있다. 일본 내에서 튜닝카로 인기가 있다. 일본 후지중공업이 회사명을 'SUBARU'로 변경하였다. 도요타 산하에 있는 회사이나 그룹만 같은 별개의 회사로 한국에서의 출시는 실패했다.

• スバルは、富士重工業が展開する自動車製造部門のブランド名である。富士重工業そのものを指す固有名詞として使用されることも比較的多い他、同社の軽飛行機であるFA-200の愛称「エアロスバル」として、自動車以外に使われた例もある。2016年5月には、2017年4月1日に富士重工業が株式会社SUBARUに変更され、社名がブランド名に合わせられると発表されている。

■ 미쓰비시 자동차・三菱自動車・MITSUBISHI Motors

• 미쓰비시 자동차는 란에보(랜서 에볼루션)로 유명하다. 2002년 달리던 트럭의 바퀴가 빠져 지나가던 여성을 사망에 이르게 한 사건이 발생했다. 원인은 볼트결함으로 볼트가 터져나가면서 휠이 빠진 것이다. 또, 클러치 하우징의 결함으로 고속도로를 달리던 트럭이 톨 게이트에 충돌한 후 중앙분리대를 넘어 운전자가 사망한 사건이 발생했다. 이 두 사건으로 결함에 대한 은폐사실이 표면화되고, 이후 매출 감소. 한국에서도 2013년 실적부진으로 철수했다.

• 三菱自動車工業は、三菱グループに属する日本の自動車メーカー。1970年に、三菱重工業から独立した。通称は三菱自動車、または三菱自工。略称はMMC。日本国外ではMITSUBISHI MOTORSという表記を用いていたが、1999年1月より日本国内でも「MMC 三菱自動車」から「MITSUBISHI MOTORS」というロゴを使用。

〈네이버지식백과 및 위키피디아 등 참조〉

참고문헌 및 웹사이트

[국내문헌]

• 고종수 외(2005), 「알기 쉬운 기계공학」, 홍릉과학 출판사
• 대한기계학회(2016), 「기계공학이란?」, (주)동국인쇄
• 박기환·방승양(2000), 「NEW 이공계열 일본어」, 시사일본어사
• 박용석·김두만(2016), 「신편 공업역학(정역학·동역학)」, 문운당
• 黃奎大(1996), 「科學技術用語의 受容에 관한 韓·日比較 研究」, 중앙대학교
• 황규대·와타나베 미카·서만식(2011),「일본 산업 현황으로 배우는 리얼 실전일본어 회화」, (주)시사일본어사
• 허원희·김선일(2007), 「알기 쉬운 재료역학」, 성안당

[일본문헌]

• 伊藤勝悦(2011), 「基礎から習う材料力学」, 森北出版株式会社
• 伊藤勝悦(2015), 「基礎から習う機械力学」, 森北出版株式会社
• 森田泰司(1970), 「わかりやすい機械教室 改訂, 流体の基礎と応用」, 東京電機大学出版局

[웹사이트]

• 구글
• 네이버지식백과사전
• 브리태니커대백과사전
• 야후재팬
• 위키피디아
• https://www.kousakukikai.tech/machinetools/
• https://cad-kenkyujo.com/2020/08/21/machining-center-c/
• https://smartdrivemagazine.jp/forefront/toyota-fcv/#EV_vs_FCV
• https://www.goo-net.com/magazine/7197.html

찾아보기

あ

あい(愛)　사랑
アイス(ice)　아이스
あう(会う)　만나다
あう(合う)　맞다
あいだ(間)　사이
あく(空く)　비다
アクセル(accelerator)　가속기
アクリル(acryl)　아크릴
あける(開ける)　열다, 뚫다
あげる(上げる)　올리다
あさ(朝)　아침
あざやかだ(鮮やかだ)　선명하다
アジア(Asia)　아시아
あした(明日)　내일
あそび(遊び)　놀이
あそぶ(遊ぶ)　놀다
あたえる(与える)　주다, 부여하다
あたらしい(新しい)　새롭다
アダプタビリティー(adaptability)　적응성
あつかう(扱う)　처리하다
あっとうてき(圧倒的)　압도적
あつめる(集める)　모으다, 수집하다
あつりょく(圧力)　압력
あてる(当てる)　대다, 접촉하다
あな(穴)　구멍
あなあけ(穴開け)　구멍 뚫기
あなあけかこう(穴開け加工)　드릴링
あなをあける(穴を開ける)　구멍을 내다
アナリティクス(analytics)　분석
あなご　붕장어
あね(姉)　언니, 누나
あめ(雨)　비
アメリカ(America)　미국
あらかじめ　사전에, 미리
あらただ(新だ)　새롭다
あらゆる　모든
あらわす(表す)　나타내다
ある　있다
アルミ(aluminium)　알루미늄
あわせもつ(併せ持つ)　겸비하다
あわせる(合わせる)　맞추다
あんな　저런

い

いい·よい(良い)　좋다
いう(言う)　말하다
いえ(家)　집
いえる(言える)　말할 수 있다
いく(行く)　가다
いじ(維持)　유지
いじょう(以上)　이상
いじょう(異常)　이상
イタリア(Italia)　이탈리아
いち(位置)　위치
いちい(一位)　1위
いちどに(一度に)　한 번에
いちば(市場)　시장
いちばん(一番)　일번, 가장
いちびょう(一秒)　일초
いちもくで(一目で)　한눈에
いっかんせい(一貫性)　일관성
いっしゅ(一種)　일종, 한 종류
いっそう(一層)　한층
いったい(一体)　도대체
いっぱい(一杯)　한잔, 가득
いっぱんてきな(一般的な)　일반적인
いっぽう(一方)　한편
いと(意図)　의도
いとのこぎり(糸のこぎり)　실톱
いぬ(犬)　개

いのち(命)　생명, 목숨
いばり　찌꺼기
いみ(意味)　의미
いもの(鋳物)　주물
いろんな　여러
いんがかんけい(因果関係)　인과관계
インコネル(inconel)　인코넬
いんさつ(印刷)　인쇄
インターフェイス(interface)　인터페이스
いんたい(引退)　은퇴

う

ウエアラブル(wearable)　웨어러블
うけつぐ(受け継ぐ)　계승하다
うけつける(受け付ける)　받아들이다
うけとる(受け取る)　받다
うける(受ける)　받다
うごかす(動かす)　움직이다
うすがた(薄型)　슬림형
うつ(打つ)　치다
うどん　우동
うられる(売られる)　팔리다
うりあげ(売り上げ)　매출
うる(売る)　팔다
うれしい　기쁘다
うわまわる(上回る)　상회하다
うんてん(運転)　운전
うんてんじょうけん(運転条件)　운전 조건
うんどう(運動)　운동

え

エア(air)　공기
エアコン(air conditioner)　에어컨
えいきょう(影響)　영향
えきしょう(液晶)　액정
えきしょうがめん(液晶画面)　액정화면
えきたい(液体)　액체
えきべん(駅弁)　역에서 파는 도시락
エコカー(eco＋car)　친환경 자동차
えつらん(閲覧)　열람
エネルギー(energy)　에너지
える(得る)　얻다
えんかくそうさ(遠隔操作)　원격조작
えんざん(演算)　연산
エンジン(engine)　엔진
エンタルピー(enthalpy)　엔탈피
えんとう(円筒)　원통
えんとうけい(円筒形)　원통형
エンドミル(endmill)　엔드밀
エントロピー(entropy)　엔트로피
えんのした(縁の下)　(툇)마루 밑

お

おいしい　맛있다
おうえん(応援)　응원
おうふく(往復)　왕복
おうふくうんどう(往復運動)　왕복운동
おうりょく(応力)　응력
おおい(多い)　많다
おおがた(大型)　대형
おおきい(大きい)　크다
おおきさ(大きさ)　크기
おかげ　덕분
おかね(お金)　돈
おきゃくさん(お客さん)　손님, 고객
おきる(起きる)　일어나다
おく(億)　억
おくる(送る)　보내다
おこなう(行う)　행하다, 실행하다
おしあてる(押し当てる)　바짝 대다, 꽉 누르다
おじいさん(お祖父さん)　할아버지
おじさん(叔父さん)　아저씨
おす(押す)　누루다, 밀다
おたがいに(お互いに)　서로
オタク　오타쿠
(어떤 분야에 대해 열중하며 집착하는 사람)
おと(音)　소리
おとな(大人)　어른
おでん　꼬치
おねえさん(お姉さん)　누나, 언니
おばあさん(お祖母さん)　할머니
おばさん(叔母さん)　아주머니
おもう(思う)　생각하다
おもしろい(面白い)　재미있다
おもしろさ(面白さ)　재미
おもな(主な)　중요한, 주된, 주요

おや(親)　부모
およぐ(泳ぐ)　헤엄치다
およぶ(及ぶ)　이르다
おる(折る)　접다, 구부리다, 꺾다
おんど(温度)　온도

か

~が　~이/가
~が　~지만(역접)
~か どうか　~인지 어떤지
カーキチ　자동차광
カーナビ(car navigation)　카 내비게이션
−かい(−回)　−회
かいがい(海外)　해외
かいかえる(買い換える)　바꾸다, 교체하다
かいかく(改革)　개혁
かいけつ(解決)　해결
かいざい(介在)　매개
かいしゃ(会社)　회사
かいせき(解析)　해석
かいぜんする(改善する)　개선하다
かいてん(回転)　회전
かいてんうんどう(回転運動)　회전운동
かいてんじく(回転軸)　회전축
かいはつ(開発)　개발
がいぶきき(外部機器)　외부 기기
がいりょく(外力)　외력(외부의 힘)
かいろ(回路)　회로
かう(買う)　사다
かえる(帰る)　돌아가다, 들어오다
かえる(変える)　바꾸다, 변화시키다
かお(顔)　얼굴
かかく(価格)　가격
かがく(化学)　화학
かかる　(~에)달리다
かかる　(비용이)들다
かかわる(関わる)　관계되다
かぎ(鍵)　열쇠
かく(描く)　(그림을)그리다 =えがく(描く)
かく(書く)　쓰다
かくしん(革新)　혁신
かくだい(拡大)　확대
かくにん(確認)　확인
かくぶ(各部)　각부
かくぶぶん(各部分)　각 부분
がくもん(学問)　학문
かけざん(掛け算)　곱셈
かける(掛ける)　곱하다
かこう(加工)　가공
かこうせいど(加工精度)　가공정밀도
かこうぶつ(加工物)　가공물
かごん(過言)　과언
かじゅう(加重)　하중
かず(数)　수
かせぐ(稼ぐ)　돈벌이하다
かそく(加速)　가속
ガソリンだい(gasoline代)　가솔린값
かた(型)　형, 틀
かたさ(硬さ)　경도
かたち 형태
かためる(固める)　굳히다
かち(価値)　가치
かちょう(課長)　과장
がっこう(学校)　학교
かっせいか(活性化)　활성화
かつやく(活躍)　활약
かつよう(活用)　활용
かでん(家電)　가전
かながた(金型)　금형
かなきりばさみ(金切ばさみ)　금속가위
かなづち(金槌)　망치 =とんかち, ハンマー
かならず(必ず)　반드시
かのう(可能)　가능
かみ(紙)　종이
カム(cam)　캠
がめん(画面)　화면
かもく(科目)　과목
~から　~부터
~から　~(이)니까, 때문에(원인, 이유)
ガラス(glas)　유리
ガラスせいひん(ガラス製品)　유리제품
かりる(借りる)　빌리다
かわる(変わる)　변하다, 바뀌다
かんがえる(考える)　생각하다
かんがえどおり(考え通り)　생각한 대로
かんきょう(環境)　환경
かんきょうもんだい(環境問題)　환경문제

かんけい(関係)　관계
かんけいなく(関係なく)　관계없이
かんけつ(完結)　완결, 완료
かんこく(韓国)　한국
かんし(監視)　감시
かんしん(関心)　관심
かんたんに(簡単に)　간단히, 쉽게
がんばる(頑張る)　노력하다
かんり(管理)　관리
かんりしゃ(管理者)　관리자
かんれん(関連)　관련
かんわ(緩和)　완화

き

きおく(記憶)　기억
きかい(機械)　기계
きかいこうがく(機械工学)　기계공학
きかいぶひん(機械部品)　기계부품
きかいりきがく(機械力学)　기계역학
きき(機器)　기기
きぎょう(企業)　기업
きこえる(聞こえる) 들리다
ぎじゅつ(技術)　기술
ぎじゅつけんしゅう(技術研修)　기술연수
ぎじゅつこうりゅう(技術交流)　기술교류
ぎじゅつしゃ(技術者)　기술자
きせき(軌跡)　궤적
きそ(基礎)　기초
きたい(気体)　기체
きのう(機能)　기능
きぼ(規模)　규모
きめる(決める)　결정하다
キャド(CAD)　컴퓨터 응용 설계
キャベツ(cabbage)　양배추
キャム(CAM)　컴퓨터 응용 가공
キャラクタグッズ　캐릭터 상품
きょうかい(境界)　경계
ぎょうかい(業界)　업계
きょうきゅう(供給)　공급
きょうきゅうもう(供給網)　공급망
きょうそう(競争)　경쟁
きょうそうりょく(競争力)　경쟁력
きょうちょう(協調)　협조
きょうどう(共同)　공동
きょうむ(業務)　업무
きょうむはんい(業務はんい)　업무범위
きょねん(去年)　작년
きりゅう(気流)　기류
きる(切る)　자르다
きれいだ　예쁘다, 깨끗하다
ぎんこう(銀行)　은행
きんぞく(金属)　금속

く

くうかん(空間)　공간
くうき(空気)　공기
ぐげんか(具現化)　구현화
くさり(鎖)　쇠사슬, 체인 =チェーン
くつ(靴)　구두
くみあわせる(組み合わせる)　조합하다
くみこみシステム(組み込みシステム)　임베디드 시스템
くみたてる(組み立てる)　조립하다
くらべる(比べる)　비교하다
くる(来る)　오다
くるま(車)　차
くるわせる(狂わせる)　미치게 하다
ぐんたい(軍隊)　군대

け

けいかく(計画)　계획
けいざい(経済)　경제
けいさん(計算)　계산
けいしゃじく(傾斜軸)　경사축
けいしょう(継承)　계승
けいじょう(形状)　형상
けいぞくてき(継続的)　지속적인
けいたい(携帯)　휴대전화, 핸드폰 = けいたいでんわ(携帯電話)
けす(消す)　끄다
けずりとる(削り取る)　절삭하다, 삭제하다
けずる(削る)　깎다, 절삭하다
けっか(結果)　결과
けっこう　꽤
けっせき(欠席)　결석
けってい(決定)　결정

げんか(原価)　원가
けんきゅう(研究)　연구
けんきゅうじょ(研究所)　연구소
けんさ(検査)　검사
げんざい(現在)　현재
けんさく(検索)　검색
けんさく(研削)　연삭
けんさくばん(研削盤)　연삭기
げんじつ(現実)　현실
げんそく(減速)　감속
げんどうき(原動機)　원동기
げんば(現場)　현장
けんま(研磨)　연마
げんり(原理)　원리

こ

コア(core)　코어
こうか(効果)　효과
こうかん(交換)　교환
こうぎょう(工業)　공업
こうぎょうそざい(工業素材)　공업소재
こうぐ(工具)　공구
こうくうき(航空機)　항공기
こうこく(広告)　광고
こうさ(公差)　공차
こうさく(工作)　공작
こうさくきかい(工作機械)　공작기계
こうさくしゃ(工作者)　공작자
こうさくぶつ(工作物)　공작물
こうじょう(工場)　공장
こうじょう(向上)　향상
こうせい(構成)　구성
こうせいど(高精度)　고정밀, 높은 정밀도
こうせいようそ(構成要素)　구성요소
こうそう(構想)　구상
こうぞう(構造)　구조
こうぞうぶつ(構造物)　구조물
こうそく(高速)　고속
ごうたい(剛体)　강체
こうちく(構築)　구축
こうてい(工程)　공정
こうていかんり(行程管理)　행정관리
こうていべつ(工程別)　공정 별
こうど(高度)　고도
こうどか(高度化)　고도화
こうばい(購買)　구매
こうはんい(広範囲)　광범위
こうひんしつ(高品質)　고품질
こうりつ(効率)　효율
こうりつか(効率化)　효율화
こうりつせい(効率性)　효율성
こうりつてき(効率的)　효율적
こうりょする(考慮する)　고려하다
こえ(声)　목소리
こえる(超える)　넘다, 초과하다
コーヒー(coffee)　커피
コーラ(cola)　콜라
ごさ(誤差)　오차
ごじくかこうき(5軸加工機)　5축가공기
こしょう(故障)　고장
コストたか(コスト高)　고비용
こだわる　집착하다, 고집하다
こてい(固定)　고정
こと　것, 일
ことし(今年)　올해, 금년
ことば(言葉)　말, 용어
ことわざ　속담
このさい(この際)　이 때
ごはん(ご飯)　밥
ゴム(gom)　고무
これから　앞으로
こんかい(今回)　이번
コンセント(consentric plug)　콘센트
こんなん(困難)　곤란, 어려움
コンベヤー(conveyor)　컨베이어

さ

さいきん(最近)　최근
ざいこ(在庫)　재고
ざいしつ(材質)　재질
さいだいか(最大化)　극대화
サイバーフィジカルシステム　가상물리시스템
さいぶんか(細分化)　세분화
ざいりょう(材料)　재
ざいりょうりきがく(材料力学)　재료역학
さがす(捜す)　찾다

ざがね(座金)　와셔, 자릿쇠
さきに(先に)　먼저
さぎょう(作業)　작업
さぎょうしゃ(作業者)　작업자
さぎょうちゅう(作業中)　작업 중
さくせい(作成)　작성
ささえる(支える)　떠받치다, 지탱하다
さしず(指図)　지시
さす(指す)　가리키다
さすが　과연, 역시
さだめる(定める)　정하다
さどう(作動)　작동
さまざまな(様々な)　다양한
さらに　더 나아가
さんぎょう(産業)　산업
さんぎょうよう(産業用)　산업용
さんぎょうかくめい(産業革命)　산업혁명
さんじげん(3次元)　3차원
さんぽ(散歩)　산책
さんま　꽁치

し

しあげ(仕上げ)　다듬질
しあわせ(幸せ)　행복
シーエーイー(CAE)　컴퓨터 응용 해석
シーケンス(sequence)　시퀀스
シート(sheet)　시트, 얇은 판
シェア(share)　시장점유율
しえん(支援)　지원
しかくてき(視覚的)　시각적
しかし　그러나
じかそうがく(時価総額)　시가총액
しかる(叱る)　꾸짖다, 야단치다
じかん(時間)　시간
−じく(−軸)　−축
じくうけ(軸受)　베어링, 축받이
じぐ(治具)　지그
しくみ(仕組み)　구조
じこ(事故)　사고
しごと(仕事)　일, 직업
じざいつぎて(自在継手) 유니버설 조인트
=ユニバーサル ジョイント
しさく(試作)　시작, 시험작업
しじ(指示)　지시
しじする(支持する)　지지하다
じしょ(辞書)　사전
しずかだ(静かだ)　조용하다
じせだい(次世代)　차세대
しせつ(施設)　시설
システム(system)　시스템
じたい(自体)　자체
したがう(従う)　따르다
じつげん(実現)　실현
じっけん(実験)　실험
じっこう(実行)　실행
じっせかい(実世界)　실세계
じつは(実は)　사실은
じつようてき(実用的)　실용적
じどう(自動)　자동
じどうか(自動化)　자동화
じどうしゃ(自動車)　자동차
じどうそうさ(自動操作)　자동 조작
じどうてき(自動的)　자동적
~しなければ ならない　~해야 한다
しぬ(死ぬ)　죽다
シミュレーション(simulation)　시뮬레이션
しめる(締める)　조이다
しめる(占める)　차지하다
−しゃ(−社)　−(개)사
しゃかい(社会)　사회
しゃしゅ(車種)　차종
しゃしゅつ(射出)　사출
しゃしゅつせいけいき(射出成型機)　사출성형기
しゃしん(写真)　사진
しゃちょう(社長)　사장
しゃぶしゃぶ　샤브샤브
しゃりょう(車両)　차량
じゆう(自由)　자유
しゅうしゅう(収集)　수집
しゅうしょく(就職)　취업
ジュース(juice)　주스
じゅうたい(渋滞)　정체
しゅうちゅうてき(集中的)　집중적
しゅうやく(集約)　집약
じゅうよう(重要)　중요
じゅうらい(従来)　종래, 기존
じゅぎょう(授業)　수업

じゅくれん(熟練)　숙련
じゅくれんこう(熟練工)　숙련공
しゅじくん(主軸)　주축
しゅだん(手段)　수단
じゅちゅう(受注)　수주
しゅっちょう(出張)　출장
しゅってん(出店)　출점
しゅっぱつ(出発)　출발
しゅつりょくぶ(出力部)　출력부
しゅとく(取得)　취득
しゅみ(趣味)　취미
しゅりゅう(主流)　주류
しよう(使用)　사용
じょうい(上位)　상위
しょうエネルギー(省エネルギー)　에너지 절약
しょうがっこうじだい(小学校時代)　초등학교 시절
じょうき(蒸気)　증기
じょうききかん(蒸気機関)　증기 기관
しょうきぼ(小規模)　소규모
じょうきょう(状況)　상황
じょうげ(上下)　상하
じょうけん(条件)　조건
しようしゃ(使用者)　사용자
しょうじる(生じる)　발생하다
じょうたい(状態)　상태
しょうぶ(勝負)　승부
じょうほう(情報)　정보
しょうりゃく(省略)　생략
しょてい(所定)　소정
ショバ(shock absorber)　완충기
しょり(処理)　처리
しらべる(調べる)　조사하다, 살펴보다
じりつ(自律)　자율
じりつか(自律化)　자율화
じりつてき(自律的)　자율적
しりょう(資料)　자료
しる(知る)　알다
しろ(白)　흰색
しれい(指令)　명령, 지령
しんか(進化)　진화
しんけつ(心血)　심혈
しんごう(信号)　신호
じんこう(人工)　인공
じんこうちのう(人工知能)　인공지능
しんしゅつ(進出)　진출
しんせつだ(親切だ)　친절하다
しんちゅう(真鍮)　황동
しんちょく(進捗)　진척
しんにゅう(進入)　진입
しんぱい(心配)　걱정
しんぶん(新聞)　신문
しんぽ(進歩)　진보

す

ずいぶん　꽤
すうじ(数字)　숫자
すうりょう(数量)　수량
すきだ(好きだ)　좋아하다
すきま(すきま)　틈새
スキャダ(SCADA)　원격감시제어
すくない(少ない)　적다
すぐに(直ぐに)　곧바로, 즉시
すぐれる(優れる)　뛰어나다, 우수하다
ずけい(図形)　도형
スケール(scale)　스케일
すこしずつ(少しずつ)　조금씩
すし　초밥
すすむ(進む)　진행하다
すすめる(進める)　추진하다, 진행하다
すでに(既に)　이미
すてる(捨てる)　버리다
ステンレス(stainless steel)　스테인리스
ずのう(頭脳)　두뇌
スパナ(spanner)　스패너
すばらしい(素晴らしい)　훌륭하다, 멋지다
スプリング(spring)　스프링
すべて(全て)　모두
スマートファクトリー　스마트팩토리
スマートフォン(smart phone)　스마트폰
ずめん(図面)　도면
3D(スリーディー) プリンター(3D printer)　3D프린터
する　하다
する(擦る)　문지르다, 쓸다
すんぽう(寸法)　치수

せ

せいかつ(生活)　생활
せいき(世紀)　세기
せいぎょ(制御)　제어
せいさく(製作)　제작
せいさん(生産性)　생산
せいさんせい(生産)　생산성
せいさんだいすう(生産台数)　생산대수
せいさんりょう(生産量)　생산량
せいし(静止)　정지
せいしつ(性質)　성질
せいぞう(製造)　제조
せいぞうぎょう(製造業)　제조업
せいのう(性能)　성능
せいのうこうじょう(性能向上)　성능향상
せいび(整備)　정비
せいひん(製品)　제품
せいひんかいはつ(製品開発)　제품개발
せいふ(政府)　정부
せいりきがく(静力学)　정역학
せかい(世界)　세계
せかいてき(世界的)　세계적
せきそう(積層)　적층
ぜつえんたい(絶縁体)　절연체
せっけい(設計)　설계
せっけいしゃ(設計者)　설계자
せっさく(切削)　절삭
せっさくかこう(切削加工)　절삭 가공
せつぞく(接続)　접속, 연결
せつだん(切断)　절단
せってい(設定)　설정
せつび(設備)　설비
せつびとうし(設備投資)　설비투자
せん(線)　선
ぜんご(前後)　전후
ぜんこく(全国)　전국
ぜんごさゆう(前後左右)　전후좌우
せんさく(旋削)　선삭
せんしんこく(先進国)　선진국
せんせい(先生)　선생님
ぜんぜん(全然)　전혀
せんたく(選択)　선택
せんたん(先端)　선단, 뾰족한 끝
せんたんてき(先端的)　첨단적
せんてい(選定)　선정
ぜんてい(前提)　전제
せんばん(旋盤)　선반
ぜんぶ(全部)　전부
せんよう(専用)　전용

そ

ぞうけい(造形)　조형
そうこう(走行)　주행
そうごう(総合)　종합
そうごに(相互に)　서로
そうさ(操作)　조작
そうしゅつ(創出)　창출
そうぞう(想像)　상상
～そうだ　～듯하다(추측)
～そうだ　～라고 한다(전문)
そうち(装置)　장치
ソウル(Seoul)　서울
そくてい(測定)　측정
そくど(速度)　속도
そそぐ(注ぐ)　쏟다
そつぎょう(卒業)　졸업
そつぎょうせい(卒業生)　졸업생
そなえる(備える)　준비하다, 갖추다
そのとおり(その通り)　그대로, 그와 같이
ソフトウェア(software)　소프트웨어
そら(空)　하늘
それで　그래서

た

–だい(–台)　–대
だい(台)　받침대
たいおうする(対応する)　대응하다
だいきぼ(大規模)　대규모
だいじだ(大事だ)　중요하다
たいしょう(対象)　대상
だいじょう(台状)　평평한 모양
ダイス　다이스
たいする(対する)　대하다
たいせき(体積)　부피
だいたい　대체로
だいたいそうち(代替装置)　대체장비

だいひょうする(代表する)　대표하다
ダイヤ(diamond)　다이아몬드
タイヤ(tire)　타이어
だいよんじ(第４次)　제4차
たいりょう(大量)　대량
たかい(高い)　비싸다, 높다
たかまる(高まる)　높아지다
たかめる(高める)　높이다
たくじょう(卓上)　탁상
たくみ(匠)　장인
たけっしょう(多結晶)　다결정
たしざん(足し算)　덧셈
たしゅるい(多種類)　여러 종류
たす(足す)　더하다
ただ　단지
たたく(叩く)　치다, 두드리다
だつサラ(脱サラ)　탈 샐러리맨
たっせい(達成)　달성
たてる　세우다
たのしみ(楽しみ)　즐거움, 기대
たびに　때마다
たまねぎ　양파
たような(多様な)　다양한
たんいつ(単一)　단일
たんしゅく(短縮)　단축
だんだん(段々)　점점
たんのうき(短納期)　단기납품
たんまつ(端末)　단말

ち

チェーン(chain) 체인, 쇠사슬 =くさり(鎖)
ちがい(違い)　차이
ちかづける(近づける)　가까이 하다/대다
ちから(力)　힘
ちからもち(力持ち)　힘이 센 사람
ちからをいれる(力を入れる)　주력하다
ちくせき(蓄積)　축적
ちしき(知識)　지식
ちじょうは(地上波)　지상파
ちち(父)　아버지
ちゃくじつに(着実に)　꾸준히
チャック　척
ちゅうかん(中間)　중간
ちゅうかんてき(中間的)　중간적
ちゅうこうねんそう(中高年層)　중장년층
ちゅうしん(中心)　중심
ちゅうもん(注文)　주문
−ちょう(−兆)　−조
ちょうこう(超硬)　초경
ちょうせい(調整)　조정
ちょうせつ(調節)　조절
ちょくせん(直線)　직선
チョコレート(chocolate)　초콜릿

つ

ついか(追加)　추가
ツーア(tour)　투어, 여행
ツール　공구, 도구
ツールパス(Tool path)　툴 패스, 공구 경로
つかいかた(使い方)　사용법
つかう(使う)　사용하다
つかわれる(使われる)　사용되다
つく(着く)　도착하다
つくりだす(作り出す)　만들어내다
つくる(作る)　만들다
つける(点ける)　켜다, (불을)붙이다
つたえる(伝える)　전달하다
つづいて(続いて)　이어서
つづける(続ける)　계속하다
つながる　이어지다
つなぐ　연결하다, 잇다
つまり　즉
つよさ(強さ)　강도
つよみ(強み)　강점
つるす(吊す)　매달다

て

て(手)　손
～で　～에서(장소), ～로(수단)
ていぎ(定義)　정의
ていきょう(提供)　제공
ていけつ(締結)　체결
ていこう(抵抗)　저항
ていこうりつ(抵抗率)　저항율
ていしょう(提唱)　제창
てきする(適する)　적합하다

てきせつ(適切)　적절
てきとう(適当)　적당
てきよう(適用)　적용
できる　할 수 있다
テクニカル通訳(テクニカル通訳)　기술통역
てさぎょう(手作業)　수작업
てつ(鉄)　철
てつどう(鉄道)　철도
てっぱん(鉄板)　철판
デバイス　장치
でも　하지만
でる(出る)　나오다
テレビ(television)　텔레비전
テレマティクス(telematics)　텔레매틱스
でんあつ(電圧)　전압
てんかい(展開)　전개
でんき(電気)　전기
てんごく(天国)　천국
てんざいする(点在する)　곳곳에
でんししょせき(電子書籍)　전자서적
でんしゃ(電車)　전차
でんしょう(伝承)　전승
でんたく(電卓)　계산기
でんたつ(伝達)　전달
でんどうせい(電導性)　전도성
でんとう(伝統)　전통
でんとうてき(伝統的)　전통적
てんぷら(天ぷら)　튀김
でんりゅう(電流)　전류
でんわ(電話)　전화

と

~と　~와/과
~と　~하자, 하면(접속조사)
といし(砥石)　숫돌
ドイツ(Germany)　독일
とうごうかんせい(統合管制)　통합관제
どうさ(動作)　동작
とうさい(搭載)　탑재
どうし(同士)　같은 종류
どうじに(同時に)　동시에
とうじょう(登場)　등장
どうぞ　부디, 어서
どうたい(導体)　도체
どうでんせい(導電性)　전도성
どうりきがく(動力学)　동역학
どうりょくげん(動力源)　동력원
どうろ(道路)　도로
とうろく(登録)　등록
とおす(通す)　통하게 하다
とかす(溶かす)　녹이다
とき(時)　때
とくちょう(特徴)　특징
とくに(特に)　특히
とけい(時計)　시계
ところで　그런데
~として　~로, ~로써
とてつもない　엄청나다
どのように　어떻게
~とは　~(이)란
とめる(止める)　정지하다
ともなう(伴う)　따르다
ともに(共に)　함께, 동시에
トヨタ(豊田)　도요타
ドライバー(driver)　드라이버
トラフィック(traffic)　트래픽
トランス(trance)　변압기
とりいれる(取り入れる)　도입하다
とりかえる(取り替える)　교체하다
とりくみ(取り組み)　대처, 노력
とりこむ(取り込む)　제 것으로 하다
とりだす(取り出す)　빼내다
とりつける(取り付ける)　달다, 장착하다
ドリル(drill)　드릴
とる　찍다, 촬영하다
ドル(dollar)　달러
トレース(trace)　추적
とんかち　망치 =かなづち
どんな　어떤

な

ないし　또는
ナイト(night)　나이트, 야간
なか(中)　가운데
ながしこむ(流し込む)　흘려 넣다
ながす(流す)　흐르게 하다

ながれ(流れ)　흐름
ながれる(流れる)　흐르다
なつかしい　그립다
ナット(nut)　너트
～など　～등
ならべる(並べる)　진열하다
なりたつ(成り立つ)　성립하다, 이루어지다
なる　되다
なんだか　왠지
～なんて　～라니, ～하다니
なんばん(何番)　몇 번

に

～に　～에(장소), ～에(시간)
～に よって　～에 의해
～に より　～에 의해
にじげん(2次元)　2차원
にっさん(日産)　닛산
ニッパ(nippa)　니퍼
にほん(日本)　일본
にほんご(日本語)　일본어
にほんじん(日本人)　일본인
にほんせい(日本製)　일본제품, 일제
にゅうがく(にゅうがく)　입학
ニュース(news)　뉴스
にゅうりょくぶ(入力部)　입력부
にる(似る)　유사하다, 닮다
にんき(人気)　인기
にんげん(人間)　인간
にんげんがた(人間型)　인간형
にんげんこくほう(人間国宝)　인간문화재

ぬ

ぬく(抜く)　빼다, 뽑아내다

ね

ねじ　나사
ねじまわし(ねじ回し)　드라이버, 나사돌리개
ねだん(値段)　가격
ねつ(熱)　열
ねつりきがく(熱力学)　열역학
ねる(寝る)　자다
ねんかん(年間)　연간
ねんど(年度)　연도

の

～の　～의
のうき(納期)　납기
のうりょく(能力)　능력
ノート　노트
～のかわりに(～の代わりに)　～대신에
ノギス(slide callipers)　버니어 캘리퍼스
のこぎり　톱
のせる(乗せる)　얹다, 올리다
～のためには　～위해서는
のばす(伸ばす)　늘리다
～のみ　～만
のむ(飲む)　마시다
のる(乗る)　타다

は

～は　～은/는
ばあい(場合)　경우
はあく(把握)　파악
－ばい(－倍)　－배
バイス　바이스
ハイテク(high tech)　하이테크
バイト(bite)　바이트
パイプライン　파이프라인
はいる(入る)　들어오다/가다
はかい(破壊)　파괴
～ばかり　정도, ～만으로
～ばかり ではなく　～뿐만 아니라
はかる(測る)　재다, 측정하다
はくりょく(迫力)　박력
はぐるま(歯車)　기어
はさむ(挟む)　끼우다
はしる(走る)　달리다
パソコン(personal computer)　개인용 PC
はたらく(働く)　일하다, 작용하다
はったつ(発達)　발달
はってん(発展)　발전
はってんてき(発展的)　발전적
はつめい(発明)　발명
はな(花)　꽃
はなす(話す)　말하다

はなせる(話せる) 말할 수 있다
はなふだ(花札) 화투
ばね 용수철, 스프링 =スプリング
はばひろい(幅広い) 폭넓다
はもの(刃物) 칼, 절삭공구
はやく(早く) 빨리
パラメータ(parameter) 매개변수
はりがね(針金) 철사
バリューチェーン(value chain) 가치사슬
ばんごう(番号) 번호
ハンドル(handle) 핸들, 손잡이
はんのう(反応) 반응
はんばい(販売) 판매
ハンマー(hammer) 해머, 쇠망치 =かなづち
-ばんめ(-番目) -번째

ひ

ひかり(光) 빛
ひきざん(引き算) 뺄셈
ひく(引く) 긋다, 빼다, 끌다
ひけつ(秘訣) 비결
ビジネス(business) 비즈니스
ひしょ(秘書) 비서
ビス(vis) 나사(못)
ピストン(piston) 피스톤
ひつじゅひん(必需品) 필수품
ひつよう(必要) 필요
ひと(人) 사람
びぶん(微分) 미분
ひょうか(評価) 평가
ひょうげん(表現) 표현
ひょうじ(表示) 표시
ひょうめんあらさ(表面あらさ) 표면 거칠기
ひょっとして 혹시
ひんしつ(品質) 품질

ふ

ふかかち(付加価値) 부가가치
ふかけつ(不可欠) 불가결, 필수
ふきゅう(普及) 보급
ふくごうかこうき(複合加工機) 복합가공기
ふくざつ(複雑) 복잡
ふくすう(複数) 복수, 여러
ふくまれる(含まれる) 포함되다
ふけいき(不景気) 불경기
ぶざい(部材) 부재
ふせぐ(防ぐ) 막다, 방지하다
ふつう(普通) 보통
ぶっしつ(物質) 물질
ぶったい(物体) 물체
ぶつりゅう(物流) 물류
ぶひん(部品) 부품
ぶぶん(部分) 부분
ふべんだ(不便だ) 불편하다
ふむ(踏む) 밟다
フライス 밀링커터
フライスばん(フライス盤) 밀링
プラス ドライバー(plus driver)
플러스 드라이버
フランス(France) 프랑스
ふりょうひんすう(不良品数) 불량품수
ふる(降る) (눈, 비가)내리다
ブルヌーイ(Daniel Bernoulli) 베루누이
フレキシビリティー(flexibility) 유연성
プロセスせいぎょ(プロセス制御) 공정제어
ぶんせき(分析) 분석
ぶんや(分野) 분야
ぶんるい(分類) 분류

へ

ベアリング(bearing) 베어링, 축받이
へいしんうんどう(並進運動) 병진운동
へいめん(平面) 평면
へいめんけずり(平面削り) 평면 절삭
べつの(別の) 다른
べつのみち(別の道) 다른 길
ベルトぐるま(ベルト車) 벨트 풀리
へんかん(変換) 변환
べんきょう(勉強) 공부
へんけい(変形) 변형
へんこう(変更) 변경
べんりだ(便利だ) 편리하다

ほ

ほうこう(方向) 방향
ほうしゃせん(放射線) 방사선

ほうそく(法則)　법칙
ほうていしき(方程式)　방정식
ポータルサイト(portal site)　포털 사이트
ポータブルグラインダー(ptable grinder)
　휴대용 그라인더
ほうでんかこう(放電加工)　방전 가공
ほうほう(方法)　방법
ボールばん(ボール盤)　드릴링 머신
ほか　~외
ほご(保護)　보호
ほしい(欲しい)　하고 싶다
ポストプロセッサ(Post processor)
　포스트 프로세서
ボックスレンチ(box wrench)　상자렌치
ホテル(hotel)　호텔
ほりひろげる(堀り広げる)　파서 넓히다
ボルト(bolt)　볼트
ほん(本)　책
ほんだ(本田)　혼다

ま

マイクロメーター(micro meter)　마이크로미터
マイコン(micro computer)　마이크로 컴퓨터
マイナス ドライバー(minus driver)
　마이너스 드라이버
まげる(曲げる)　구부리다
まさつ(摩擦)　마찰
まさつくるま(摩擦車)　마찰차
マシニングセンタ(machining center)
　머시닝센터
まじめだ(真面目だ)　성실하다
まず　우선, 먼저
マスク(mask)　마스트
ますます　점점
また　또한
まつ(待つ)　기다리다
~まで　~까지
まなぶ(学ぶ)　배우다
まわす(回す)　돌리다
まんが(漫画)　만화
まんりき(vise)　바이스

み

みえる(見える)　보이다
みかける(見かける)　눈에 띄다
みこむ(見込む)　전망하다
みじかい(短い)　짧다
みず(水)　물
みぜんに(未然に)　미연에
みつかる(見つかる)　찾게 되다
みみ(耳)　귀
みらい(未來)　미래
みらいがた(未来型)　미래형
みる(見る)　보다

む

むかし(昔)　옛날
むずかしい(難しい)　어렵다
むすびつける(結びつける)　연결시키다

め

め(目)　눈
めいかくか(明確化)　명확화
めいかくに(明確に)　명확히
メーカー(maker)　메이커, 제조사
メカトロニックス(mechatronics)　메카트로닉스
めざす(目指す)　목표로 하다
メタル(metal)　메탈
めっき(鍍金)　도금
めにする(目にする)　실제로 보다
メモ(memo)　메모
めんとり(面取り)　모따기

も

もうける(設ける)　만들다
もうすぐ　곧
モーター(motor)　모터
モーターショー(motor show)　모터쇼
もくざい(木材)　목재
もくてき(目的)　목적
もくひょう(目標)　목표
もけい(模型)　모형
もちいる(用いる)　이용하다
もつ(持つ)　지니다, 가지다

もっと　더욱
もっとも(最も)　가장
もとづく(基づく)　기초로 하다
もどす(戻す)　되돌리다
もとは　원래는
もとめる(求める)　구하다, 얻다
ものづくり　모노즈쿠리
もも　복숭아
モンキーレンチ(monkey wrench)　몽키 렌치
もんだい(問題)　문제

や

～や～や～など　～와～와～등
やきいりこう(焼入鋼)　열처리 강
やく(約)　약
やくだてる(役立てる)　기여하다
やくにたつ(役に立つ)　도움이 되다
やくわり(役割)　역할
やさしい　부드럽다, 상냥하다
やすい(安い)　싸다
やすり　줄
やつ　것
やっぱり　역시
やはり　역시
やま(山)　산
やりとり　주고받음, 교환함

ゆ

ゆうごう(融合)　융합
ゆうこう(有効)　유효, 유익
ゆうしゅう(優秀)　우수
ゆうそうりょう(郵送料)　우송료
ゆうめいだ(有名だ)　유명하다
ユーモア(humor)　유모어
ゆかた(浴衣)　유카타
ゆそう(輸送)　수송
ユニバーサル ジョイント(universal joint)
　유니버설 조인트
　=じざいつぎて(自在継手)
ゆみのこ(弓のこ)　쇠톱
ゆめ(ゆめ)　꿈
ゆるめる(緩める)　풀다, 느슨하게 하다

よ

ようい(用意)　준비
ようきゅう(要求)　요구
ようご(用語)　용어
ようす(様子)　모양, 상태
ようそ(要素)　요소
～ようだ　～인 것 같다, 듯하다(추측)
ようゆう(溶融)　용융
よく　자주, 흔히, 아주, 매우
よそう(予想)　예상
よばれる(呼ばれる)　불리다
よぶ(呼ぶ)　부르다
よむ(読む)　읽다
よゆう(余裕)　여유
より　보다, 한층
よる　의하다, 따르다

ら

らんりゅう(乱流)　난류

り

リアルタイム(real time)　실시간
リード フレーム(lead frame)　리드 프레임
リーマ(rimer)　리머
りったい(立体)　입체
りったいか(立体化)　입체화
リフトロッド(lift rod)　리프트 로드
りべんせい(利便性)　편의성
リモコン(remote control)　리모콘
りゃく(略)　약자
りゃくご(略語)　약어, 줄인말
りゅうたいりきがく(流体力学)　유체역학
りゅうつう(流通)　유통
りよう(利用)　이용
りょういき(領域)　영역
りようしゃ(利用者)　이용자
りょうほう(両方)　모두, 양자
りょうり(料理)　요리
りょこう(旅行)　여행
リレー(relay)　릴레이

れ

れいきゃく(冷却)　냉각
れんけい(連携)　연계
れんけつ(連結)　연결
れんぞく(連続)　연속
れんどう(連動)　연동
れんどうがた(連動型)　연동형

ろ

ローラー(roller)　롤러
ろくおん(録音)　녹음
ろせん(路線)　노선
ロボット(robot)　로봇
ろんり(論理)　논리

わ

ワーク(work)　공작물
ワイヤー(wire)　와이어
ワイヤーカット(wire cut)　와이어 컷
わかりやすい(分かりやすい)　알기 쉽다
わかる(分かる)　알다
わけ　이유, 뜻
わける(分ける)　나누다
わさび　와사비, 고추냉이
わたし(私)　나, 저
ワッシャ(washer)　와셔, 자릿쇠
わりざん(割り算)　나눗셈
わる(割る)　나누다

を

~を　~을/를
~を する ように　~을 하도록

알기 쉬운

스마트 기계일본어

초판인쇄 | 2021년 3월 2일
초판발행 | 2021년 3월 5일

저 자 | 황규대 · 이지현
발 행 인 | 이성범
발 행 처 | 문운당
주 소 | 서울시 종로구 혜화로5길 16 (명륜1가 45-3)
전 화 | (02)762-6010
팩 스 | 영업 (02)745-0265 / 편집 (02)762-8758
이 메 일 | 영업 munun2@chol.com
편집 munundang@naver.com
홈페이지 | http://munundang.co.kr

ISBN 979-11-5692-549-1 93730

정가 21,000원